영어회화

세상에서 가장 쉬운 영어 대화편

3초

3·5
speaking

백선엽 지음

5단어
영어회화

21세기북스

단 3초, 5단어면 끝입니다.

"Keep it simple." (간단하게 말하라.)
복잡한 생각도 간단한 말로 표현할 때 더 잘 전달된다.

《3초 5단어 영어회화》를 손에 들어주신 모든 분들께 진심으로 감사드립니다.

혹시 지금 이 책을 펼치신 많은 분들이 '영어로 말하는 건 복잡하고 어려운 일'이라고 생각하고 계시지는 않나요? 문법적으로 완벽한 문장을 만들어야 한다는 부담감, 다양한 표현과 어휘를 동원해야 한다는 강박관념, 그리고 길고 유창한 대화를 이어가야 한다는 압박감 때문에 영어 대화 앞에서 주저하고 계신 건 아닌지요.

그러나 분명히 말씀드릴 수 있습니다. 진정한 의사소통의 힘은 단어의 양이 아니라, 핵심을 정확히 전달하는 능력에서 나온다는 것을요. 그래서 지금, 여러분에게 당장 필요한 것은 바로 3초 안에 5단어로 핵심을 찌르는 영어 소통 능력입니다.

디지털 시대를 살아가는 현대인들에게 빠르고 정확한 소통은 어느 때보다 중요해지고 있습니다. 영어도 마찬가지입니다. 복잡한 문법과 화려한 단어의 나열보다는 핵심을 전하는 간결한 문장이 더 큰 영향력을 발휘합니다. 그럼에도 많은 분들이 영어 앞에서 위축되고 주저하는 이유는 완벽해야 한다는 부담감 때문일 겁니다.

"영어로 말하려면 복잡한 문장과 어려운 단어를 알아야 한다."
"원어민처럼 유창하게 말해야 영어 회화를 잘한다고 할 수 있다."

혹시 지금까지 이런 생각에 사로잡혀 있지 않았나요?
학창 시절부터 문법적으로 완벽한 문장을 만들어야 한다는 압박 속에서 영어를 배우다 보니, 정작 '소통'이라는 언어의 본질을 놓치는 경우가 많습니다. 그러나 실제 영어 대화에서는 '완벽함'보다 '명확함'이, '복잡함'보다 '단순함'이 더 큰 힘을 발휘합니다.

실제로 영어 원어민의 일상 대화를 들어보면 대부분의 대화는 짧고 단순한 문장들로 이루어져 있습니다. 그들은 5단어 이내의 짧은 문장으로도 자신의 의사를 명확히 전달하고, 3초 안에 상대방의 말에 적절히 반응합니다.

"How are you doing today?" (오늘 어떻게 지내세요?)
"Let's grab coffee sometime." (언제 우리 커피 한잔해요.)
"I'll think about it." (생각해볼게요.)
"That sounds great to me." (그거 아주 좋은 것 같아요.)

이것이 바로 영어 원어민들이 실제로 사용하는 대화의 모습입니다.

놀랍게도 간단하지 않나요?

25년간 영어 교육과 커뮤니케이션 수업 현장에서 다양한 학습자들을 만났습니다. 그리고 다양한 배경의 학습자들이 바로 이 '3초 5단어 원칙'을 적용한 후 놀라운 변화를 경험하는 것을 수없이 목격했습니다.

식당에서 메뉴를 주문하지 못해 당황하던 중년 여행자는 "Can I have this please?(이거 주세요.)"라는 간단한 5단어 문장으로 첫 해외 여행에서 자신감을 얻었습니다.

커피숍에서 주문하려다 긴장한 40대 직장인이 "Can I get an Americano?(아메리카노 하나 주세요.)"라는 단 5단어로 첫 해외 출장에서 자신감을 얻었습니다.

외국인 친구와의 대화를 부담스러워하던 대학생이 "How was your weekend?(주말 어땠어?)"라는 짧은 질문으로 자연스럽게 친구들과의 대화를 시작할 수 있었습니다. 이 모든 변화는 하나의 깨달음에서 시작되었습니다.

"3초 5단어는 충분히 강력하다."

영어 소통의 성공은 복잡한 문법이나 다양한 어휘가 아닌, 3초 안에 말할 수 있는 핵심 표현에 있습니다. 3초 내로 말할 수 있는 5단어 이내의 명확한 문장으로 자신의 생각과 감정, 필요를 전달해보세요.

이 책을 통해 여러분이 영어 대화에 대한 두려움을 넘어 '나도 할 수 있다'는 자신감을 얻게 되리라 믿습니다. 그리고 그 자신감은 영어를 넘어 여러분의 의사소통 방식 자체에 긍정적인 변화를 가져올 것입니다. 3초, 5단어는 제한이 아닌 해방입니다.

이 책에서 소개하는 원칙들을 천천히, 그러나 확실하게 적용해보세요. 더 이상 영어 대화가 부담스럽지 않고 오히려 기대되는 자신을 발견하게 될 것입니다.

"Three seconds. Five words. Done." (3초. 5단어. 끝.)

저는 진심으로 여러분의 영어 소통 여정을 응원합니다. 이 책이 여러분의 대화 방식에 작은 혁명을 일으키길, 그리고 그 혁명이 여러분의 삶과 관계에 놀라운 변화를 가져오기를 바랍니다.

감사합니다.

『3초 5단어 영어회화』 활용법

1 커뮤니케이션의 핵심을 파악하기!

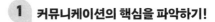

본격적으로 영어 학습에 들어가기 전, 영어 커뮤니케이션의 핵심을 요약·정리해주는 부분입니다.
길고 화려한 문장 구사보다 중요한 것은 정확한 의사소통입니다.
한국어와 비슷한 듯 다른 영어만의 화법을 배워보세요.
더욱 자연스러운 소통이 가능해집니다.

2 3초 안에 5단어 말하기 훈련

짧고 간결한 문장을 반복 학습하는 것을 통해 즉시 입 밖으로 튀어나오는 영어 회화를 경험해보세요.
영어의 자신감은 빠른 커뮤니케이션으로부터 나옵니다.
복잡하고 어려운 문장을 만드는 것보다 중요한 것은 정확하고 신속한 발화입니다. 복습 횟수 체크는 필수!

3 나도! 원어민처럼 말해보기

3초 5단어 문장을 익혔다면 이제 활용을 해볼 차례입니다. 긴 문장을 간결하게 말하는 연습을 해보세요. 원어민은 절대 길게 말하지 않습니다. 핵심을 전달하는 간결하고 완벽한 문장 연습!
실전에 더욱 강한 3초 5단어를 활용해보세요.

4 실력 체크 3·5 리뷰

학습을 마무리하며 어느새 자라난 나의 실력을 확인해보세요.
직접 문장을 적어보셔도 좋고, 소리내어 답해 봐도 좋습니다.
바로 떠오르지 않는 문장은 앞으로 돌아가 다시 반복 연습을 하도록 합시다.

차례

핵심부터 찌르기

3초 메시지의 힘 Direct Hits in 3 Seconds

쿨하고 자연스럽게

5단어 대화법 Cool & Casual in 5 Words

품격 있는 대화

존중의 3초 원칙 Respect in 3 Seconds

Chapter 4

감정을 연결하는 즉각적 표현

5단어 리액션 Emotion in 5 Words

CHAPTER 1

핵심부터 찌르기

3초 메시지의 힘

DIRECT HITS IN
3 SECONDS

3초, 5단어로 핵심 메시지를 빠르게 던지는 법

"Just do it." (그냥 해.)

나이키Nike의 세 단어는 상징적인 광고 문구를 넘어 전 세계 사람들의 마음 속에 선명히 새겨졌습니다. 짧은 문구인데도 망설이지 말고 즉시 도전하라는 강렬한 메시지가 담겨져 있죠.

애플Apple의 "Think different.(다르게 생각하라.)"나 마틴 루터 킹 주니어Martin Luther King Jr.의 "I have a dream.(나는 꿈이 있습니다.)" 또한 그 울림에 있어서 결코 뒤처지지 않습니다. 이처럼 놀랍도록 짧고 간결한 문장들이 사람들의 마음을 움직이고, 세상의 흐름을 바꿔놓기도 합니다.

애플의 창업자 스티브 잡스는 회의를 시작할 때 늘 "Is there anything on your mind?(당신의 마음에 있는 것이 있나요?)"라고 묻곤 했다고 합니다. 때로는 "This is crap.(이건 엉망이야 엉망.)"처럼 거침없는 표현을 던지기도 했습니다. 그의 짧은 표현들은 단순하지만 본질을 찌르는 힘이 있었고, 영어 특유의 간결함과 직접성을 그대로 보여주는 상징적인 사례가 되었습니다.

사람들이 집중할 수 있는 시간은 평균적으로 8초밖에 되지 않는다고 합니다. 그런데 외국어로 소통할 때는 그보다도 더 짧아집니다. 연구에 따르면, 외국어를 사용할 때는 모국어를 사용할 때보다 뇌에서 30% 더 많은 에너지를 소비합니다. 즉 짧고 명확한 표현을 쓸수록 뇌의 피로도를 줄이면서도 효과적으로 소통할 수 있다는 뜻입니다.

영어를 쓸 때 우리는 종종 길고 완성된 문장을 만들어야 한다는 부담감을 느낍니다. 하지만 일상 속의 대화에서, 또 영향력과 힘이 있는 말을 전달하기 위해서 필요한 문장은 결코 길지 않습니다. 실제로 원어민의 대화는 마치 핵심만 추출해낸 에스프레소 한 잔처럼 짧고 강렬하게 메시지를 전하죠.

이제 3초 안에 말할 수 있고, 5개 단어를 넘지 않는 마법 같은 문장들을 만나보겠습니다. 복잡한 문법이나 난해한 어휘는 잠시 잊어도 좋습니다. 이는 일상생활에서 가볍게 주고받는 대화부터 커피숍, 음식점에서의 대화까지, 스마트폰 단축키처럼 상황별로 즉각 꺼내 쓸 수 있는 현지 미국에서 살아 있는 문장들입니다.

마치 손끝 하나로 세상을 향한 문을 열듯이, 이 표현들을 활용하여 자연스럽고 자신감 있게 영어로 대화를 이어가보세요. 자, 준비되셨나요? 문을 열고 나아갈 시간입니다.

일상에서 인사나누기

Quick Greetings in Daily Life

반복 학습 체크 포인트 ✓○○○○○

Real Talk **바로 쓸 수 있는 핵심 표현 익히기**

See you later!	나중에 봐!
Take care!	잘 지내!
Great seeing you!	만나서 반가웠어!
Long time no see!	진짜 오랜만!
Have a good one!	좋은 하루 보내!

Real-Life Dialogue **상황별 실전 대화하기**

TIP: 오랜만에 만난 친구와 이렇게 대화해보세요.
간단한 인사로도 충분히 반갑고 자연스러운 대화가 됩니다.

A	Long time no see!	진짜 오랜만!
B	Yeah, been crazy busy.	맞아, 너무 바빴어.
A	How you been?	그동안 잘 지냈어?
B	Pretty good. You?	응, 잘 지냈어. 넌?

감정 표현하기

Expressing Emotions Quickly

반복 학습 체크 포인트 ✓○○○○○

바로 쓸 수 있는 핵심 표현 익히기

I'm exhausted.	완전 지쳤어.
So happy!	너무 행복해!
Feel awful.	몸이 안 좋아.
That's awesome!	대박!
That sucks.	아쉽다.

Real-Life Dialogue **상황별 실전 대화하기**

TIP! 퇴근 시간의 동료와 이렇게 대화해보세요.
이렇게 짧은 대화로도 서로의 상황과 마음을 충분히 전할 수 있습니다.

A	I'm exhausted.	완전 지쳤어.
B	Long day?	긴 하루였어?
A	Too much work.	응, 일이 너무 많았어.
B	You get some rest.	너 좀 쉬어야겠다.

약속과 시간에 대해
Talking About Plans & Time

반복 학습 체크 포인트 ✓○○○○○

Real Talk　　**바로 쓸 수 있는 핵심 표현 익히기**

Running late.	늦을 것 같아.
Wait up.	좀 기다려줘.
I'll be there soon.	곧 도착해.
See you tomorrow.	내일 보자.
Can't make it.	못 갈 것 같아.

Real-Life Dialogue　　**상황별 실전 대화하기**

TIP! 약속 시간에 늦은 친구와 이렇게 대화해보세요.
이렇게 간단한 문장으로도 상황을 충분히 설명할 수 있습니다.

A	**Where are you?**	어디야?
B	**Running late, sorry.**	늦을 것 같아, 미안.
A	**How long?**	얼마나 걸려?
B	**Ten minutes.**	10분.

카페에서

Ordering at a Café

반복 학습 체크 포인트 ✅○○○○○

Real Talk **바로 쓸 수 있는 핵심 표현 익히기**

Small coffee, please.	스몰 사이즈 커피 주세요.
No sugar, please.	설탕 빼주세요.
To go, please.	포장해주세요.
One more, please.	한 잔 더 주세요.
How much?	얼마죠?

Real-Life Dialogue **상황별 실전 대화하기**

TIP! 카페에서 실제로 이렇게 대화해보세요.
이렇게 짧은 대화로도 원하는 주문을 정확히 전달할 수 있습니다.

A	Small coffee, please.	스몰 사이즈 커피 주세요.
B	Hot or iced?	따뜻한 걸로 하실래요, 차가운 걸로 하실래요?
A	Hot, no sugar, please.	따뜻한 걸로 주세요, 설탕 빼고요.
B	Here you go.	여기 있습니다.

음식점에서
Ordering at a Restaurant

반복 학습 체크 포인트 ✓○○○○○

Real Talk   바로 쓸 수 있는 핵심 표현 익히기

Table for two.	2인석 주세요.
Menu, please.	메뉴판 주세요.
Check, please.	계산서 주세요.
Water, please.	물 주세요.
So good!	진짜 맛있어요!

Real-Life Dialogue   상황별 실전 대화하기

TIP! 음식점에서 이렇게 대화해보세요.
이렇게 간단한 대화로도 음식을 아주 쉽게 주문할 수 있습니다.

A	Table for two, please.	2인석 주세요.
B	Window seat okay?	창가 자리 괜찮으세요?
A	Perfect, thanks.	완벽해요, 감사합니다.
B	Follow me.	이쪽으로 오세요.

Can you turn on the lights?
불을 켜줄 수 있나요?

→ Lights on, please.
불 켜주세요.

I need a table for two.
두 명 자리 부탁드립니다.

→ Table for two, please.
두 명 자리 주세요.

Could you take a picture for me?
사진 좀 찍어주시겠어요?

→ A picture, please.
사진 찍어주세요.

Can I get the check, please?
계산서 부탁드립니다.

→ Check, please.
계산서 주세요.

Excuse me, where is the restroom?
실례합니다, 화장실 어디인가요?

→ Restroom, please.
화장실 어디죠?

Real Talk 3·5

1 나중에 봐!
2 잘 지내!
3 완전 지쳤어.
4 곧 도착해.
5 계산서 주세요.
6 몸이 안 좋아.
7 아쉽다.
8 2인석 주세요.
9 계산서 주세요.
10 진짜 맛있어요!

Real-Life Dialogue 3·5

A **Small coffee, please.**

B **Hot or iced?**

A _____

B **Here you go.**

A **Where are you?**

B _____

A **How long?**

B **Ten minutes.**

답 | 1 See you later! 2 Take care! 3 I'm exhausted. 4 I'll be there soon. 5 Check, please. 6 Feel awful.
7 That sucks. 8 Table for two. 9 Check, please. 10 So good! A Hot, no sugar, please. B Running late, sorry.

장황한 설명은 NO!
요점만 말하라

"Less is more." (적을수록 더 강하다.)

의외로 가장 단순한 문장이야말로 가장 강력한 메시지를 전달할 때가 많습니다. 말이 길어질수록 본질은 흐려지고, 듣는 사람의 집중력도 자연스레 떨어지게 됩니다. 반면 불필요한 요소를 걷어내면 그 안에 담긴 의미는 더욱 분명해지고 전달력도 강해지죠.

중요한 회의나 프레젠테이션, 혹은 가까운 사람들과 나누는 대화 속에서도 우리는 종종 깨닫게 됩니다. 가장 영향력 있는 사람은 결국 '요점을 정확하게 전달하는 사람'이라는 사실을 말이죠. 복잡한 설명 없이도 핵심을 짚어내는 능력은 곧 설득력으로 이어지고, 이는 사람들의 신뢰를 얻기 쉽습니다.

빠른 현대 사회 속에서 사람들은 무엇보다 '명확하고 즉각적인 정보'를 원합니다. 이를 위해서는 장황한 설명보다 한두 문장으로 요점을 전달하는 것이 훨씬 효과적이죠. 그렇기에 우리는 전달하고자 하는 메시지를 단 몇 초 안에 이해할 수 있도록 말하는 연습을 해야 합니다.

워렌 버핏Warren Buffett은 투자자들과의 소통에서 단순한 메시지의 힘을 보여주었습니다.

"Don't lose money." (돈을 잃지 마라.)

그는 복잡한 투자 이론 대신에 이 한 문장으로 투자에서 가장 중요한 원칙을 전달했습니다. 때로는 이처럼 짧은 문장이 가장 강한 울림을 남기는 법입니다. 애매한 표현은 메시지를 약하게 만들기 때문에 확실한 의도를 전달하는 것이 중요합니다. "Can you help me with this?(이거 도와주실 수 있나요?)" 대신 "I need help."라고 말해보세요. 단순하지면 훨씬 직접적이고 분명한 메시지가 됩니다.

결국 중요한 것은 단순함입니다. 말에서도, 글에서도, 그리고 삶의 태도에서도 말이죠. 그러니 불필요한 것들을 걷어내고 본질에 집중하는 법을 배워야 합니다. 메시지를 전달하고자 할 때 스스로에게 물어보세요. "이 내용을 3초 안에 전달할 수 있을까?" 이는 말을 줄이는 것이 아니라, 더 강력하게 만드는 것입니다. 알고 보면 그 단순함 속에 진정한 힘이 깃들어 있으니까요.

핵심 질문 던지기
Asking Key Questions

반복 학습 체크 포인트 ✔○○○○○

| **Real Talk** | **바로 쓸 수 있는 핵심 표현 익히기** |

What's your main point?	핵심이 뭐죠?
Why is this important?	왜 중요한가요?
Do we need this?	이게 꼭 필요해요?
Any issues so far?	지금까지 문제 없어요?
How urgent is this?	이거 얼마나 급한가요?

| **Real-Life Dialogue** | **상황별 실전 대화하기** |

TIP! 회의 중에 이렇게 대화해보세요.
Real Talk의 "What's the point?" 표현을 활용한 대화입니다.

A	What's your main point?	핵심이 뭐죠?
B	It saves us time.	시간을 절약할 수 있어요.
A	How exactly?	어떻게요?
B	The new system helps.	새 시스템이 도움이 돼요.

의사결정 촉구하기

Pushing for a Decision

반복 학습 체크 포인트 ✓○○○○○

Real Talk	바로 쓸 수 있는 핵심 표현 익히기

Make a choice now.	지금 결정하세요.
Yes or no?	예, 아니오?
Time's running out.	시간이 얼마 없어요.
Let's settle this.	이제 결론 내죠.
Final call?	최종 결정인가요?

Real-Life Dialogue	상황별 실전 대화하기

TIP: 중요한 결정을 해야 할 때 이렇게 대화해보세요.
Real Talk의 "Yes or no?" 표현을 활용한 대화입니다.

A	**Yes or no?**	예, 아니오?
B	**Still deciding.**	아직 고민 중이에요.
A	**Deadline's today.**	오늘이 마감이에요.
B	**Then yes.**	그럼 '예'요.

스타벅스에서

Ordering at Starbucks

반복 학습 체크 포인트 ✅○○○○○

Real Talk **바로 쓸 수 있는 핵심 표현 익히기**

I'll take an Americano.   아메리카노 주세요.

No milk, please.   우유 빼주세요.

Add vanilla, please.   바닐라 추가해주세요.

For here, thanks.   매장에서 마실게요.

Make it extra hot.   좀 더 뜨겁게 해주세요.

Real-Life Dialogue **상황별 실전 대화하기**

TIP! 바쁜 아침, 실제로 이렇게 대화해보세요.
Real Talk의 "No milk, please." 표현을 활용한 대화입니다.

A **I'll take an Americano.**   아메리카노 주세요.

B **Hot or iced?**   따뜻한 거랑 아이스 중 어떤 걸로 드릴까요?

A **Iced, no milk.**   아이스로 주세요. 우유는 빼고요.

B **Got it.**   알겠습니다.

파티에서

Talking at a Party

반복 학습 체크 포인트 ✓○○○○○

Real Talk ## 바로 쓸 수 있는 핵심 표현 익히기

Love this place!	여기 너무 좋아요!
Let's hit the dance floor.	춤추러 가요!
Drinks in the back.	음료는 뒤쪽에 있어요.
Want some fresh air?	바람 좀 쐬러 갈래요?
Too crowded here.	여기 너무 붐비네요.

Real-Life Dialogue ## 상황별 실전 대화하기

TIP! 파티에서 처음 만난 사람과 이렇게 대화해보세요.
Real Talk의 "Too crowded here." 표현을 활용한 대화입니다.

A	Hey, enjoying the party?	파티 어때요?
B	Yeah! Too crowded here.	좋아요! 근데 너무 붐벼요.
A	Let's grab fresh air.	바람 좀 쐬러 가요.
B	Sounds good.	좋죠.

바 Bar에서

Ordering at a Bar

반복 학습 체크 포인트 ✓○○○○○

Real Talk 바로 쓸 수 있는 핵심 표현 익히기

A lager, please.	라거 한 잔 주세요.
What's your best cocktail?	여기 대표 칵테일이 뭐예요?
I'll have a whiskey.	위스키 한 잔 주세요.
Same drink again.	같은 걸로 한 잔 더.
A little weaker, please.	좀 약하게 해주세요.

Real-Life Dialogue 상황별 실전 대화하기

TIP! 바에서 주문할 때 이렇게 말해보세요.
Real Talk의 "What's your best cocktail?" 표현을 활용한 대화입니다.

A	What's your best cocktail?	여기 대표 칵테일이 뭐예요?
B	Our whiskey sour.	위스키 사워요.
A	Sounds good, one please.	좋네요, 한 잔 주세요.
B	Coming up.	바로 준비해드릴게요.

Could you please help me understand this problem?

이 문제를 이해하는 데 도움을 주실 수 있나요?

→ Help me with this.

이거 좀 도와주세요.

Can we meet tomorrow at 3 PM to discuss this?

내일 3시에 만나서 이것에 대해 논의할 수 있을까요?

→ Let's meet tomorrow at 3.

내일 3시에 봅시다.

Should we take a break before continuing?

계속하기 전에 쉬는 게 어떨까요?

→ Let's take a break.

잠깐 쉬었다 하죠.

Could you review this document for me?

이 문서 검토해주실 수 있나요?

→ Please review this.

이거 검토 부탁드립니다.

Can you send me the updated presentation?

업데이트된 프레젠테이션 보내주실 수 있나요?

→ Send the update.

업데이트된 자료 보내주세요.

Real Talk 3·5

1   핵심이 뭐죠?

2   지금 결정하세요.

3   최종 결정인가요?

4   우유 빼주세요.

5   매장에서 마실게요.

6   여기 너무 좋아요!

7   춤추러 가요!

8   위스키 한 잔 주세요.

9   여기 대표 칵테일이 뭐예요?

10 좀 약하게 해주세요.

Real-Life Dialogue 3·5

A   _____

B   Still deciding.

A   Deadline's today.

B   Then yes.

A   Hey, enjoying the party?

B   Yeah! _____

A   Let's grab fresh air.

B   Sounds good.

답 | 1 What's your main point? 2 Make a choice now. 3 Final call? 4 No milk, please. 5 For here, thanks.
6 Love this place! 7 Let's hit the dance floor. 8 I'll have a whiskey. 9 What's your best cocktail?
10 A little weaker, please. A Yes or no? B Too crowded here.

33

돌려 말하지 말고
직진하라

"Say it. Mean it." (입으로만 말하지 말고, 마음을 담아 말해라.)

사람들은 에둘러 말하는 문장들을 기억하지 않습니다. 말이 길어질수록 전달력이 떨어지고, 설명이 많을수록 본질은 흐려집니다. 반면 직설적인 표현은 듣는 사람의 뇌리에 박혀 즉각적인 반응을 이끌어냅니다. 핵심을 찌르는 하나의 문장이 수십 개의 장황한 문장보다 더 강한 힘을 가지고 있습니다.

실제로 세계적인 리더들은 짧고 강력한 메시지로 많은 변화를 만들어냈습니다. 제프 베이조스는 회의가 불필요하게 길어지면 이렇게 말했습니다.

"We start with what the customers need.(우리는 고객이 필요한 것을 시작합니다.)"

단순하지만 핵심을 찌르는 이 한마디는 아마존의 빠른 의사결정 문화를 만들었습니다.

일론 머스크는 중요한 결정을 앞두고 본질적인 질문을 던졌습니다.

"What is the fundamental truth here?(여기서 기본적인 진실은 무엇인 가?)"

말할 때 군더더기 없이 본질만 남기는 그의 원칙과 과학적 접근 방식은 테슬라와 스페이스X의 혁신적인 성장을 가능하게 했습니다.

현대 사회에서 사람들은 점점 더 강하고 짧은 메시지를 원하며, 장황한 이야기는 잘 전달되지 않습니다. 트위터의 짧은 문장, 인스타그램의 직관적인 이미지, 틱톡의 짧은 영상 등 핵심만 전달하는 소셜 미디어가 이를 입증하고 있죠.

"Do you have time tomorrow?" (혹시 내일 저녁 시간 되시면 같이 식사라도 하실까요?)

→ "How about dinner tomorrow?" (내일 저녁, 같이 식사하시죠.)

"Can we discuss this?" (이 프로젝트에 대한 의견을 나누고 싶습니다.)

→ "Let's fix this issue." (이거, 문제 있습니다. 수정합시다.)

이처럼 핵심만 전달할수록 메시지는 강해지고, 불필요한 것을 덜어낼수록 영향력은 커집니다. 빠른 의사결정, 명확한 책임 소재, 효율적인 업무 진행—이 모든 것이 직설적 소통에서 시작됩니다. 그러니 "Stop talking. Start doing.(이제 말은 그만하고, 행동하세요.)"

길 물어보기

Asking for Directions

반복 학습 체크 포인트 ✓○○○○○

Real Talk　　**바로 쓸 수 있는 핵심 표현 익히기**

Where's the nearest stop?	가장 가까운 정류장이 어디예요?
Just a block away.	한 블록만 가세요.
Turn left ahead.	앞에서 좌회전하세요.
Is it far?	멀어요?
Can you show me?	지도로 보여주실 수 있나요?

Real-Life Dialogue　　**상황별 실전 대화하기**

TIP! 길을 물어볼 때 이렇게 대화해보세요.
Real Talk의 "Is it far?" 표현을 활용한 대화입니다.

A	**Is it far?**	멀어요?
B	**About ten minutes.**	10분 정도 걸려요.
A	**That way?**	저쪽 방향인가요?
B	**Yeah, straight ahead.**	네, 쭉 가시면 됩니다.

헤어질 때
Saying Goodbye

반복 학습 체크 포인트 ✔○○○○○

Real Talk   **바로 쓸 수 있는 핵심 표현 익히기**

Catch you later.	이따 봐.
Had a blast today.	오늘 정말 재밌었어.
Send me a text later.	문자 보내.
Drive safe, alright?	조심히 운전해.
Let me know later.	나중에 알려줘.

Real-Life Dialogue   **상황별 실전 대화하기**

TIP! 헤어질 때 이렇게 대화해보세요.
Real Talk의 "Shoot me a text." 표현을 활용한 대화입니다.

A	**Had a blast today.**	오늘 진짜 재밌었어.
B	**Me too.**	나도.
A	**Send me a text later.**	문자 보내.
B	**Will do.**	그럴게.

37

업무 지시 내리기

Giving Work Instructions

반복 학습 체크 포인트 ✓○○○○○

Real Talk | **바로 쓸 수 있는 핵심 표현 익히기**

Get this done now.	이거 지금 끝내세요.
I need it today.	오늘까지 필요해요.
Fix this right away.	이거 바로 수정하세요.
Send it over soon.	곧 보내주세요.
Meeting at three.	3시에 회의 있어요.

Real-Life Dialogue | **상황별 실전 대화하기**

TIP! 업무 지시할 때 이렇게 대화해보세요.
Real Talk의 "I need it today." 표현을 활용한 대화입니다.

A	**I need it today.**	오늘까지 필요해요.
B	**By what time?**	몇 시까지요?
A	**Before four.**	4시 전까지요.
B	**Got it. I'll handle it before four.**	알겠습니다. 4시 전에 처리할게요.

헬스장에서

Talking at the Gym

반복 학습 체크 포인트 ✓○○○○○

| Real Talk | 바로 쓸 수 있는 핵심 표현 익히기 |

Can you spot me?	좀 봐줄 수 있어?
How many left?	몇 세트 남았어요?
That's too heavy.	너무 무거워.
You done here?	여기 끝났어요?
Need a hand?	도와줄까?

| Real-Life Dialogue | 상황별 실전 대화하기 |

TIP! 헬스장에서 이렇게 대화해보세요.
Real Talk의 "Mind spotting me?" 표현을 활용한 대화입니다.

A	**Can you spot me?**	좀 봐줄 수 있어?
B	**How much?**	얼마나 들어?
A	**Two plates.**	두 플레이트.
B	**I got you.**	알았어.

비즈니스 직설 화법
Being Direct in Business

반복 학습 체크 포인트 ✓○○○○○

Real Talk 바로 쓸 수 있는 핵심 표현 익히기

I need an answer.	지금 답 주세요.
Fix this immediately.	당장 수정하세요.
This isn't right.	이건 틀렸어요.
We're out of time.	시간이 없어요.
No more excuses.	변명하지 마세요.

Real-Life Dialogue 상황별 실전 대화하기

TIP! 회의 중 이렇게 대화해보세요.
Real Talk의 "I need an answer." 표현을 활용한 대화입니다.

A	**I need an answer.**	지금 답 주세요.
B	**Give me time.**	시간 좀 주세요.
A	**No. Decide now.**	안돼요. 지금 결정하세요.
B	**Fine, approved.**	알겠어요, 승인합니다.

Can we have dinner this weekend?

이번 주말에 저녁 식사할까요?

→ Dinner this weekend?

이번 주말에 저녁 먹을래요?

Would you like to get coffee soon?

조만간 커피 마시러 갈까요?

→ Coffee sometime next week?

다음 주에 커피 어때?

I enjoyed today, let's do it again.

오늘 즐거웠어요, 다시 해요.

→ Had fun! Let's meet again.

즐거웠어! 또 보자.

Want to see the new movie?

새 영화 보러 갈래요?

→ New movie tonight?

오늘 새 영화 볼래?

Should I walk you home?

집까지 데려다드릴까요?

→ Want me to walk you?

집까지 바래다줄까?

✏️ 3초 5단어 연습해보기 3·5 REVIEW

Real Talk 3·5

1 가장 가까운 정류장이 어디예요?

2 멀어요?

3 이따 봐.

4 오늘 정말 재밌었어.

5 오늘까지 필요해요.

6 곧 보내주세요.

7 몇 세트 남았어요?

8 도와줄까?

9 지금 답 주세요.

10 시간이 없어요.

Real-Life Dialogue 3·5

A **Had a blast today.**

B **Me too.**

A _____

B **Will do.**

A _____

B **How much?**

A **Two plates.**

B **I got you.**

답 | 1 Where's the nearest stop? 2 Is it far? 3 Catch you later. 4 Had a blast today. 5 I need it today. 6 Send it over soon. 7 How many left? 8 Need a hand? 9 I need an answer. 10 We're out of time. A Send me a text later. A Can you spot me?

42

짧게, 강하게! 간결함이 곧 자신감이다

"Short is strong." (간결함이 힘이다.)

영어를 배우는 학습자들이 꼭 기억해야 하는 원칙입니다. 긴 문장을 만들려고 할수록 문법이 꼬이고, 말이 길어질수록 자신감도 함께 사라집니다. 하지만 짧은 문장은 다릅니다. 단어가 적을수록 실수할 가능성이 줄어들고 발음도 더 또렷해지죠. 게다가 짧고 명확한 문장은 상대방의 귀에도 더 쉽게 들어옵니다.

하버드 비즈니스 스쿨Harvard Business School에서는 두 그룹을 대상으로 실험을 진행했습니다. 한 그룹은 평균 15단어로 구성된 긴 문장을, 다른 그룹은 평균 5단어의 짧은 문장을 들었습니다. 그 결과, 짧은 문장을 들은 그룹이 내용을 63% 더 정확하게 기억했으며, 정보 전달 효율성도 두 배 이상 높았습니다.

세계적인 작가 어니스트 헤밍웨이Ernest Hemingway도 간결하고 직접적인 글쓰기 스타일로 유명합니다. 그의 문체는 기자 경력에서 발전한 것으로, 짧고 명확한 문장을 통해 독자에게 강력한 메시지를 전달했습니다. 독자가 해석할 여지를 남기며 문학적 깊이를 더하는 헤밍웨이의 문학적 기법은 '짧은 문장이 주는 힘'을 보여주는 완벽한 예시이기도 합니다. 실제로 원어민들도 일상 대화에서 긴 문장을 거의 사용하지 않습니다.

"Can you please explain that to me one more time because I didn't understand it well enough due to my limited vocabulary?" (제 어휘력이 부족해서 잘 이해하지 못했으니, 한 번만 더 설명해주실 수 있을까요?)

이렇게 말하는 대신에 다음과 같이 바꿔 보세요.

"Say it again, please." (다시 말해주세요.)
"I don't get it." (이해가 안 돼요.)
"Simpler words, please." (더 쉬운 말로 해주세요.)

짧게 말하면 자신감도 기하급수적으로 올라갑니다. 핵심을 3초 안에, 5단어로 말하세요. 이것이 진정한 언어 마스터의 비밀입니다.

업무/회의에서
Quick Phrases for Work/Meetings

반복 학습 체크 포인트 ✓○○○○○

Real Talk | **바로 쓸 수 있는 핵심 표현 익히기**

Let's kick things off.	시작합시다.
Thoughts on this?	이거 어떻게 생각하세요?
I'll take care of it.	제가 처리할게요.
Great point!	좋은 지적이에요!
Let's pause for now.	잠시 쉬어갑시다.

Real-Life Dialogue | **상황별 실전 대화하기**

TIP! 회의 시작 전 동료와 이렇게 대화해보세요.
간단한 표현으로도 전문적이고 효율적인 의사소통이 가능합니다.

A	Ready for the meeting?	회의 준비됐어?
B	Almost, one sec.	거의, 1초만.
A	Let's kick things off.	시작하자.
B	I'll be right there.	바로 갈게.

거절하기

Politely Declining Offers

반복 학습 체크 포인트 ✔○○○○○

Real Talk   **바로 쓸 수 있는 핵심 표현 익히기**

Not this time.	이번엔 안 될 것 같아.
I'll skip it.	난 패스할게.
Maybe another day.	다음에 하자.
Not really for me.	내 스타일은 아니야.
Let me think first.	생각 좀 해볼게.

Real-Life Dialogue   **상황별 실전 대화하기**

TIP: 친구의 제안을 정중하게 거절할 때 이렇게 대화해보세요.
짧은 문장으로도 상대방의 기분을 존중하며 거절할 수 있습니다.

A	**Dinner tonight?**	오늘 저녁 어때?
B	**Not this time, sorry.**	이번엔 안 될 것 같아, 미안.
A	**Everything okay?**	무슨 일 있어?
B	**Just need some rest.**	그냥 좀 쉬고 싶어.

의견 표현하기

Expressing Opinions Clearly

반복 학습 체크 포인트 ✓○○○○○

| **Real Talk** | **바로 쓸 수 있는 핵심 표현 익히기** |

Totally agree.	완전 동의해.
Not sure yet.	아직 잘 모르겠어.
That adds up.	말이 되네.
Gotta disagree.	동의 못 하겠어.
Let's meet halfway.	타협하자.

| **Real-Life Dialogue** | **상황별 실전 대화하기** |

TIP! 토론 중 자신의 의견을 명확하게 표현할 때 이렇게 대화해보세요.
간결한 표현으로도 자신의 생각을 분명히 전달할 수 있습니다.

A	Thoughts on this?	이거 어떻게 생각해?
B	Totally agree.	완전 동의해.
A	Why?	어째서?
B	The numbers check out.	숫자가 딱 맞아.

Section 4

쇼핑할 때
Shopping Conversations

반복 학습 체크 포인트 ✓○○○○○○

Real Talk **바로 쓸 수 있는 핵심 표현 익히기**

Just browsing, thanks.	그냥 둘러보는 중이에요.
Do you ship?	배송 가능해요?
Any special deals?	할인 행사 있나요?
Where's the cashier?	계산대 어디예요?
I'll take this one.	이걸로 할게요.

Real-Life Dialogue **상황별 실전 대화하기**

TIP! 쇼핑 중 점원과 이렇게 대화해보세요.
짧은 표현으로도 필요한 정보를 얻고 원하는 바를 전달할 수 있습니다.

A	**Need any help?**	도와드릴까요?
B	**Just browsing, thanks.**	그냥 둘러보는 중이에요.
A	**Any special deals?**	할인 행사 있나요?
B	**Shoes are 20% off.**	신발은 20% 할인 중이에요.

긴급 상황에서
Urgent Situations

반복 학습 체크 포인트 ✓○○○○○

Real Talk **바로 쓸 수 있는 핵심 표현 익히기**

Help! Now!	도와주세요! 지금요!
Call 911!	911에 전화하세요!
Look out!	조심해!
I need assistance!	도움이 필요해요!
Anyone hurt?	다친 사람 있어요?

Real-Life Dialogue **상황별 실전 대화하기**

TIP! 긴급 상황에서 이렇게 대화해보세요.
위급한 순간일수록 짧고 명확한 표현이 중요합니다.

A	**What happened?**	무슨 일이야?
B	**Car crash ahead.**	앞에서 차 사고 났어.
A	**Anyone hurt?**	다친 사람 있어?
B	**Help! Now!**	도와주세요! 지금요!

I need to speak with you about the project deadline.
프로젝트 마감일에 대해 이야기해야 합니다.

→ Let's talk deadline.
마감일 얘기 좀 하죠.

Could you give me some feedback on my presentation?
제 발표에 대한 피드백을 주실 수 있나요?

→ Feedback on my presentation?
제 발표 피드백 주실래요?

I'm sorry but I need to reschedule our meeting.
죄송하지만 우리 미팅을 일정 변경해야 합니다.

→ Need to reschedule our meeting.
우리 미팅 일정 변경 필요해요.

Do you have a moment to discuss the budget report?
예산 보고서에 대해 논의할 시간 있으세요?

→ Got time for the budget?
예산 관련해서 시간 좀 있어요?

Would you mind covering for me during my vacation?
제 휴가 동안 대신 업무 봐주실 수 있나요?

→ Can you cover my leave?
휴가 때 대신 가능할까요?

Real Talk 3·5

1 시작합시다.

2 제가 처리할게요.

3 좋은 지적이에요!

4 다음에 하자.

5 생각 좀 해볼게.

6 완전 동의해.

7 아직 잘 모르겠어.

8 할인 행사 있나요?

9 이걸로 할게요.

10 도와주세요! 지금요!

Real-Life Dialogue 3·5

A **Dinner tonight?**

B _____

A **Everything okay?**

B **Just need some rest.**

A **Need any help?**

B _____

A **Any special deals?**

B **Shoes are 20% off.**

답 | 1 Let's kick things off. 2 I'll take care of it. 3 Great point! 4 Maybe another day. 5 Let me think first.
6 Totally agree. 7 Not sure yet. 8 Any special deals? 9 I'll take this one. 10 Help! Now! B Not this time,
sorry. B Just browsing, thanks.

주목과 연결을 부르는 마법의 단어

"I see you." (난 너를 진짜 알아보고 있어.)

"You matter." (너는 소중한 존재야.)

이 짧은 문장들이 강력한 이유는 인간은 본능적으로 자신과 연결된 이야기에 가장 집중하기 때문입니다. 우리는 어떤 말을 들었을 때 '이 말이 나와 어떤 관련이 있지?'라고 스스로에게 묻게 됩니다. 이때 '나' 와 '너You'를 활용하면 상대방의 주의를 즉시 사로잡고 더 깊은 공감을 불러일으킬 수 있습니다.

심리학 연구에 따르면 사람들은 자신의 이름이나 '당신You'이 포함된 문장을 들을 때 뇌의 활성화 수준이 23% 더 높아진다고 합니다. 시라큐스 대학교Syracuse University 연구팀의 조사에서도 'I'와 'You'가 포함된 메시지는 그렇지 않은 메시지보다 기억에 남을 확률이 58% 더 높다는 사실이 밝혀졌습니다.

예를 들어 "Good job.(잘하셨습니다.)"이라고 말하는 것보다 "I love your work!(저는 당신의 작업이 정말 좋습니다!)"라고 하면 칭찬과 감정 표현이 함께 전달되어 더욱 강한 인상을 남길 수 있습니다. 또한 "This meeting is important.(이 회의는 중요합니다.)"라고 단순히 정보 전달을 하는 것보다 "I need you here.(당신이 꼭 여기 계셔야 합니다.)"라고 하면 주체와 대상이 명확해져 상대방이 중요성을 더욱 실감할 수 있습니다.

세계적인 TED 연설 코치 캐롤린 고워Caroline Goyder는 "가장 설득력 있는 연설자들은 'I'와 'You'를 전략적으로 사용해 청중과 감정적 연결을 형성한다."라고 말했습니다. 실제로 마틴 루터 킹Martin Luther King Jr.의 유명한 "I Have a Dream" 연설에서도 'I'와 'You'가 총 80여 번 사용되었다는 분석이 있습니다. 이는 단순한 수사가 아니라 듣는 사람의 마음을 움직이는 강력한 전략이라는 것을 의미합니다.

이처럼 '나I'를 사용하면 주도적이고 명확한 메시지 전달이 가능하며, '너You'를 활용하면 상대방의 즉각적인 주목과 반응을 유도할 수 있고, '나'와 '너'를 함께 쓰면 의사소통의 감정적 울림이 극대화됩니다. 이제 말을 하거나 글을 쓸 때, 길고 복잡한 문장을 고민하기 전에 단 3초만 생각해보세요. '나'와 '너'를 활용해 더 짧고 강력하게, 더 명확하고 효과적으로 표현해보시길 바랍니다.

업무에서 '나'와 '너' 활용하기
Using 'I' and 'You' in Work

반복 학습 체크 포인트 ✓○○○○○

Real Talk 바로 쓸 수 있는 핵심 표현 익히기

I need your feedback.	네 의견이 필요해.
You nailed it.	완벽하게 해냈어.
I'll finish by six.	내가 6시까지 끝낼게.
You should take the lead.	네가 주도해야 해.
I appreciate your help.	도와줘서 고마워.

Real-Life Dialogue 상황별 실전 대화하기

TIP! 업무 협의 시 이렇게 대화해보세요.
'나'와 '너'를 활용하면 책임감과 협력 의지가 더 분명하게 드러납니다.

A	**I need your feedback.**	네 의견이 필요해.
B	**I'll share my thoughts.**	내 생각을 공유할게.
A	**You always give great input.**	너 항상 좋은 의견 내잖아.
B	**Happy to help.**	도울 수 있어서 다행이야.

거절할 때 '나'와 '너' 활용하기
Using 'I' and 'You' in Rejections

반복 학습 체크 포인트 ✓○○○○○○

Real Talk | **바로 쓸 수 있는 핵심 표현 익히기**

I can't right now.	지금은 안 돼.
You have better options.	넌 더 나은 선택지가 있어.
I need more time.	시간이 더 필요해.
You should ask someone else.	다른 사람에게 물어봐.
I appreciate your patience.	기다려줘서 고마워.

Real-Life Dialogue | **상황별 실전 대화하기**

TIP: 거절 상황에서 이렇게 대화해보세요.
'나'와 '너'를 활용하면 정중하면서도 분명한 거절이 가능합니다.

A	Join us for dinner?	저녁 같이 먹을래?
B	I can't right now.	지금은 안 돼.
A	Sure?	확실해?
B	I've got other plans.	이미 다른 일정 있어.

칭찬과 격려에서 '나'와 '너' 활용하기

Using 'I' and 'You' in Compliments & Encouragement

반복 학습 체크 포인트 ✅○○○○○○

Real Talk   **바로 쓸 수 있는 핵심 표현 익히기**

I'm so impressed.	난 정말 감동먹었어.
You always inspire me.	넌 항상 나에게 영감을 줘.
I believe in you.	난 널 믿어.
You made my day.	네 덕분에 기분 좋아졌어.
I admire your strength.	네 강인함을 존경해.

Real-Life Dialogue   **상황별 실전 대화하기**

TIP! 칭찬과 격려를 하는 상황에서 이렇게 대화해보세요.
'나'와 '너'를 함께 사용하면 더 진정성 있는 칭찬이 됩니다.

A	**I'm nervous today.**	나 오늘 긴장돼.
B	**I believe in you.**	난 널 믿어.
A	**Really?**	정말?
B	**You've got this.**	넌 해낼 거야.

감정 표현에서 '나'와 '너' 활용하기

Using 'I' and 'You' in Emotional Expressions

반복 학습 체크 포인트 ✓○○○○○

Real Talk	바로 쓸 수 있는 핵심 표현 익히기

I feel great today.	오늘 기분 최고야.
You mean a lot.	넌 나에게 소중해.
I miss you.	보고싶어.
You really hurt me.	너 때문에 상처받았어.
I care about you.	난 너를 진심으로 아껴.

Real-Life Dialogue	상황별 실전 대화하기

TIP! 감정 표현 상황에서 이렇게 대화해보세요.
'나'와 '너'로 시작하면 감정이 더 직접적으로 전달됩니다.

A	**Haven't seen you lately.**	요즘 못 봤네.
B	**I miss you.**	보고싶었어.
A	**I feel the same.**	나도 그래.
B	**You always make me smile.**	네 덕에 항상 웃는다니까.

갈등 해결에서 '나'와 '너' 활용하기
Using 'I' and 'You' in Conflict Resolution

반복 학습 체크 포인트 ✓○○○○○

Real Talk　　**바로 쓸 수 있는 핵심 표현 익히기**

I get your point.	네 입장 이해해.
You have a fair point.	네 말이 타당해.
I suggest a solution.	해결책을 제안할게.
You helped me understand.	네 덕분에 이해했어.
I'm really sorry.	정말 미안해.

Real-Life Dialogue　　**상황별 실전 대화하기**

TIP! 갈등 상황에서 이렇게 대화해보세요.
'나'와 '너'를 활용하면 상호 이해를 바탕으로 문제 해결이 가능합니다.

A	You hurt me yesterday.	어제 너 때문에 상처받았어.
B	I'm really sorry.	정말 미안해.
A	I appreciate that.	네 사과를 고맙게 받아들일게.
B	You deserve better.	넌 더 좋은 대우를 받아야 해.

58

I am grateful for your support of our project.

저희 프로젝트에 대한 지원에 감사드립니다.

➡ Really appreciate your support.

네 지원에 정말 감사해.

Can you review this document today?

오늘 이 문서를 검토해주실 수 있나요?

➡ Can you check this today?

오늘 이거 확인해줄래?

I think our strategy needs reconsideration.

우리 전략은 재고가 필요하다고 생각합니다.

➡ We should rethink our strategy.

우리 전략 다시 생각해야 해.

Everyone was impressed by your presentation yesterday.

모두가 어제 당신의 발표에 감명받았습니다.

➡ Your presentation was amazing!

어제 발표 정말 대단했어!

Can we schedule a meeting next week?

다음 주에 회의 일정을 잡을 수 있을까요?

➡ Let's meet next week.

다음 주에 만나자.

Real Talk 3·5

1 네 의견이 필요해.

2 도와줘서 고마워.

3 시간이 더 필요해.

4 난 정말 감동먹었어.

5 난 널 믿어.

6 오늘 기분 최고야.

7 보고싶어.

8 너 때문에 상처받았어.

9 네 입장 이해해.

10 해결책을 제안할게.

Real-Life Dialogue 3·5

A **Join us for dinner?**

B _____

A **Sure?**

B **I've got other plans.**

A **You hurt me yesterday.**

B _____

A **I appreciate that.**

B **You deserve better.**

답 | 1 I need your feedback. 2 I appreciate your help. 3 I need more time. 4 I'm so impressed. 5 I believe in you. 6 I feel great today. 7 I miss you. 8 You really hurt me. 9 I get your point. 10 I suggest a solution.
B I can't right now. B I'm really sorry.

고급 단어보다
강한 단어는 따로 있다

"Simple words, strong impact." (단순한 단어, 강한 효과.)

이 원칙을 이해하면 말하는 방식이 완전히 달라집니다. 복잡하고 긴 문장, 어려운 단어는 전달력을 떨어뜨립니다. 반면 짧고 쉬운 단어로 말하면 메시지가 즉각적으로 전달되고, 상대방도 더 쉽게 기억할 수 있습니다.

우리의 뇌는 짧고 간단한 정보를 훨씬 빠르게 처리합니다. MIT 연구에 따르면 인간의 뇌는 단 13밀리초 만에 단어를 인식하며, 단순한 단어일수록 더 빠르게 이해한다고 합니다. 반대로 긴 문장은 인지적 부담을 증가시켜 듣는 사람이 핵심을 놓칠 가능성이 커집니다.

많은 영어 학습자가 '지적으로 보이고 싶다'는 이유로 어려운 단어를 사용하려 하지만, 실은 쉽게 말하는 것이 진짜 실력입니다. 원어민들은 굳이 어렵고 복잡한 문장을 구사하지 않습니다.

예를 들어, "Could you please assist me with this technical problem?(이 기술적 문제에 도움을 주실 수 있을까요?)"보다는 "Can you help me?(도와주실래요?)"와 같은 단순한 표현이 훨씬 자연스럽습니다.

　말하기의 궁극적인 목표는 상대방이 내 말을 정확하게 이해하고 기억하도록 하는 것입니다. 불필요한 수식어나 장황한 설명을 덜어내고 핵심만 명확하게 전달하는 것이 중요합니다. 실제로 효과적인 연설이나 강연을 보면, 복잡한 단어보다 누구나 쉽게 이해할 수 있는 단순한 언어가 사용되는 경우가 많습니다.

　즉 중요한 것은 단어의 난이도가 아니라, 얼마나 쉽고 빠르게 전달되느냐입니다. 그러니 더 많은 단어를 외우려고 하기보다는, 적은 단어를 쓰더라도 자신이 하고자 하는 말의 의미를 전달하는 데 중점을 두고 연습해보세요. 그렇게 하면 말하는 사람도, 듣는 사람도 훨씬 더 편해질 것입니다. 핵심을 담고 있는 단순함이야말로 가장 강력한 전달 도구입니다.

Section

1

질문할 때
Asking Questions in 3 Seconds

반복 학습 체크 포인트 ✓○○○○○

| Real Talk | 바로 쓸 수 있는 핵심 표현 익히기 |

What's your take?   어떻게 생각하세요?

Any concerns?   걱정되는 부분 있어요?

Can you clarify?   설명 좀 더 해줄래요?

When's the due date?   마감일이 언제예요?

Why did this change?   왜 바뀌었어요?

| Real-Life Dialogue | 상황별 실전 대화하기 |

TIP! 회의 중 명확한 정보를 얻기 위해 이렇게 대화해보세요.
짧은 질문으로도 필요한 정보를 효과적으로 얻을 수 있습니다.

A **Report ready?**   보고서 준비됐어?

B **Almost there.**   거의 다 됐어.

A **When's the due date?**   마감은 언제야?

B **Tomorrow at noon.**   내일 정오.

의견을 말할 때

Expressing Opinions in 3 Seconds

반복 학습 체크 포인트 ☑○○○○○

| Real Talk | 바로 쓸 수 있는 핵심 표현 익히기 |

I totally agree.	완전 동의해요.
I see it differently.	제 생각은 달라요.
That adds up.	그건 말이 돼요.
Not sure yet.	아직 확신이 안 서요.
Let's find a balance.	중간점을 찾아보죠.

| Real-Life Dialogue | 상황별 실전 대화하기 |

TIP! 회의에서 자신의 의견을 간결하게 표현할 때 이렇게 대화해보세요.
짧은 문장으로도 자신의 생각을 분명히 전달할 수 있습니다.

A	**Do you like this plan?**	이 계획 어때?
B	**I see it differently.**	내 생각은 좀 달라.
A	**Why?**	왜?
B	**Too risky. Try safer.**	너무 위험해. 좀 더 안전하게 가자.

요청할 때

Making Requests in 3 Seconds

반복 학습 체크 포인트 ✔○○○○○

바로 쓸 수 있는 핵심 표현 익히기

Can you help?	좀 도와줄래요?
Check this, please.	이거 확인해주세요.
Send it by today.	오늘까지 보내주세요.
Need your approval.	승인 부탁드립니다.
Call me soon.	곧 전화 주세요.

상황별 실전 대화하기

TIP! 업무상 동료에게 도움을 요청할 때 이렇게 대화해보세요.
간결한 표현으로도 필요한 요청을 효과적으로 전달할 수 있습니다.

A	You free now?	지금 시간 돼?
B	Almost done here.	거의 다 끝났어.
A	Can you help?	좀 도와줄래?
B	Sure, what's up?	물론, 무슨 일이야?

제안할 때

Making Suggestions in 3 Seconds

반복 학습 체크 포인트 ✓○○○○○

Real Talk　　**바로 쓸 수 있는 핵심 표현 익히기**

Let's try this place.	여기 한번 가보자.
Coffee break?	커피 한잔 할까?
My treat today.	오늘은 내가 살게.
Next time, your turn.	다음엔 네 차례야.
Let's consider other options.	다른 선택지도 생각해보자.

Real-Life Dialogue　　**상황별 실전 대화하기**

TIP: 동료에게 점심 식사를 제안할 때 이렇게 대화해보세요.
간단한 표현으로도 친근하고 명확한 제안을 할 수 있습니다.

A	Lunch plans?	점심 계획 있어?
B	Not yet.	아직 없어.
A	Let's try this place.	여기 가보자.
B	Sounds great!	좋지!

Section
5

동의/거절할 때

Agreeing or Declining in 3 Seconds

반복 학습 체크 포인트 ✓○○○○○

Real Talk   바로 쓸 수 있는 핵심 표현 익히기

Count me in.	나도 끼워줘.
Not this time.	이번엔 패스할게.
I'd love to!	완전 좋지!
Can't make it.	힘들 것 같아.
Let me think.	좀 생각해볼게.

Real-Life Dialogue   상황별 실전 대화하기

TIP! 친구의 제안에 분명하게 대답할 때 이렇게 대화해보세요.
간결한 표현으로도 자신의 의사를 명확히 전달할 수 있습니다.

A	**Movie tonight?**	오늘 밤에 영화 볼래?
B	**Can't make it.**	오늘은 힘들 것 같아.
A	**Everything okay?**	무슨 일 있어?
B	**Just tired. Tomorrow?**	그냥 피곤해. 내일 볼까?

I can't make it to the team dinner tonight.

오늘 팀 저녁 모임에 참석할 수 없어요.

→ Can't make it, sorry.

오늘은 참석 어려워요, 미안.

I agree with your proposal completely.

당신의 제안에 완전히 동의합니다.

→ Totally agree, let's do it

완전 동의, 그렇게 하죠!

I need to check my schedule for the conference.

컨퍼런스 일정을 확인해봐야 해요.

→ Let me check first.

일정 먼저 확인해볼게요.

This approach won't work with our timeline.

이 접근법은 우리 일정으로는 안 돼요.

→ Nope, won't work now.

아니, 지금은 안 됩니다.

I'll definitely help with your project.

당신의 프로젝트를 돕겠습니다.

→ I'm in!

나도 할게요!

Real Talk 3·5

1 어떻게 생각하세요?
2 설명 좀 더 해줄래요?
3 제 생각은 달라요.
4 아직 확신이 안 서요.
5 좀 도와줄래요?
6 오늘까지 보내주세요.
7 커피 한잔 할까?
8 오늘은 내가 살게.
9 이번엔 패스할게.
10 좀 생각해볼게.

Real-Life Dialogue 3·5

A Report ready?
B Almost there.
A _____
B Tomorrow at noon.

A Movie tonight?
B _____
A Everything okay?
B Just tired. Tomorrow?

듣는 이의 뇌를 사로잡아라

"Understand fast, remember longer." (빨리 이해할수록 오래 기억한다.)

제가 영어 학습자들을 가르칠 때 직접 경험한 사례가 있습니다. 학생들을 두 그룹으로 나누어 한 그룹은 복잡한 어휘와 문장 구조를, 다른 그룹은 간결하고 일상적인 표현을 배우게 했습니다. 한 달 후 테스트를 진행한 결과, 간결한 표현을 배운 그룹은 실제 대화에서 65% 더 자신감 있게 말했고 기억력 테스트에서도 훨씬 높은 점수를 받았습니다. 이러한 결과가 의미하는 바는 뭘까요? 짧고 익숙한 표현일수록 뇌에 더 강한 인상을 남긴다는 것입니다.

예를 들어, 친구와 대화할 때 "Could you explain this a bit more in detail?(이것에 대해 좀 더 자세히 설명해줄 수 있을까?)"라고 말하는 대신, "What do you mean?(무슨 뜻이야?)" 혹은 "Tell me more.(좀 더 말해줘.)"라고 하면 훨씬 자연스럽고 이해도 쉽습니다. 뇌는 짧고 자주 접하는 표현일수록 별다른 해석 없이 바로 받아들일 수 있게 설계되어 있기 때문입니다.

그렇다면 즉각적으로 이해되는 단어에는 어떤 조건이 있을까요?

첫째, 짧아야 합니다. 1~2음절로 구성된 단어가 가장 효과적입니다. 예를 들면 'help(도와주다)', 'stop(멈추다)', 'go(가다)', 'wait(기다리다)' 같은 단어들이 그렇습니다.

둘째, 일상적으로 자주 쓰이는 단어여야 합니다. 사람들이 익숙하게 듣고 말하는 단어일수록 기억에 더 오래 남기 때문이죠. 'yes(네)', 'no(아니요)', 'sure(물론이죠)', 'now(지금)' 같은 단어들이 대표적입니다.

셋째, 명확해야 합니다. 모호한 단어보다 구체적인 표현이 훨씬 효과적입니다. 예를 들어, "Could you please make some adjustments?(조금 조정해주실 수 있을까요?)"보다 "Fix it.(고쳐주세요.)"가 훨씬 직관적이고 강렬한 인상을 줍니다.

비즈니스 미팅이나 협상, 일상적인 대화에서도 마찬가지로 메시지를 정확하고 강하게 전달하려면 짧고 직관적인 단어를 선택할수록 좋습니다. 듣는 사람이 바로 이해할 수 있도록 말이죠. 이것이 바로 3초, 5단어 법칙의 강력한 원리입니다.

친구와 만날 때
Making Plans with Friends

반복 학습 체크 포인트 ⍟○○○○○

Real Talk **바로 쓸 수 있는 핵심 표현 익히기**

Let's meet up!   우리 만나자!

Your place or mine?   네 집에서 만날까, 우리 집에서 만날까?

I'll grab snacks.   내가 간식 챙길게.

Sounds like fun!   재밌겠다!

Let's take selfies.   셀카 찍자!

Real-Life Dialogue **상황별 실전 대화하기**

TIP! 친구와 만날 약속을 잡을 때 이렇게 대화해보세요.
간단한 표현으로도 친근하고 자연스러운 대화가 가능합니다.

A **Free this weekend?**   이번 주말 시간 돼?

B **Sunday works.**   일요일은 괜찮아.

A **Let's meet up!**   만나자!

B **I'm in!**   좋아!

친구의 제안 거절하기
Politely Declining a Friend's Invitation

반복 학습 체크 포인트 ✓○○○○○

Real Talk	바로 쓸 수 있는 핵심 표현 익히기

Maybe next time?   다음에 하자!

Too exhausted today.   오늘 너무 피곤해.

Gotta skip this one.   이번엔 패스할게.

Not feeling great.   몸 상태가 안 좋아.

Let's plan later.   나중에 얘기하자.

Real-Life Dialogue	상황별 실전 대화하기

TIP! 친구의 놀자는 제안을 부드럽게 거절할 때 이렇게 대화해보세요.
짧은 문장으로도 친구 관계를 유지하며 정중하게 거절할 수 있습니다.

A   **Wanna grab dinner?**   저녁 먹을래?

B   **Too exhausted today.**   오늘 너무 피곤해.

A   **You okay?**   괜찮아?

B   **Just need rest.**   그냥 좀 쉬어야겠어.

친구에게 의견 말하기

Giving Opinions to a Friend

반복 학습 체크 포인트 ✓○○○○○

| Real Talk | 바로 쓸 수 있는 핵심 표현 익히기 |

I'm all for it.	난 완전 찬성이야.
Not my style.	내 취향 아니야.
That's a solid choice.	좋은 선택이야.
I see it differently.	난 다르게 생각해.
Meet halfway then?	절충안은 어때?

| Real-Life Dialogue | 상황별 실전 대화하기 |

TIP! 친구와 음식점 선택에 대해 의견을 나눌 때 이렇게 대화해보세요.
간결한 표현으로도 자신의 생각을 분명히 전달할 수 있습니다.

A	Italian or sushi?	이탈리안? 아니면 스시?
B	That's a solid choice.	둘 다 좋은 선택이야.
A	Which one?	뭐로 할까?
B	Sushi sounds better.	스시가 더 땡기네.

친구와 쇼핑할 때

Shopping with a Friend

반복 학습 체크 포인트 ✅○○○○○

Real Talk | **바로 쓸 수 있는 핵심 표현 익히기**

That's so you!	너한테 딱이야!
Kinda pricey.	좀 비싼데.
Try a different size.	다른 사이즈 입어봐.
Fits perfectly!	완전 딱 맞아!
Let's split it.	반반 내자.

Real-Life Dialogue | **상황별 실전 대화하기**

TIP! 친구와 함께 쇼핑하며 이렇게 대화해보세요.
짧은 표현으로도 솔직한 의견을 전달할 수 있습니다.

A	How's this jacket?	이 재킷 어때?
B	That's so you!	너한테 딱이야!
A	Too flashy?	너무 화려하지 않아?
B	Looks awesome.	완전 멋져!

친구와 여행할 때
Traveling with a Friend

반복 학습 체크 포인트 ✔○○○○○

Real Talk | **바로 쓸 수 있는 핵심 표현 익히기**

Let's check it out!	가보자!
Snap a pic?	사진 찍어줄래?
I'm starving!	진짜 배고파!
What a view!	경치 대박!
Quick break?	잠깐 쉴까?

Real-Life Dialogue | **상황별 실전 대화하기**

TIP! 친구와 여행 중 이렇게 대화해보세요.
간결한 표현으로도 즐거운 여행 분위기를 만들 수 있습니다.

A	Where next?	다음 어디로 가?
B	Let's check it out!	저기 한번 가보자!
A	Looks far.	좀 먼데.
B	Quick break first?	그럼 잠깐 쉬었다 가자.

I'm thinking about going to the beach this weekend, do you want to join me?

이번 주말에 해변에 갈까 생각 중인데, 같이 갈래?

→ Beach this weekend? You in?

이번 주말 해변? 같이 갈래?

Do you remember where we parked the car after the concert last night?

어제 콘서트 끝나고 차를 어디에 주차했는지 기억나?

→ Where did we park?

우리 어디 주차했지?

I'm sorry I couldn't make it to your birthday party yesterday.

어제 네 생일파티에 못 가서 미안해.

→ Sorry I missed your party.

네 생일파티 못 가서 미안해.

Can you recommend a good movie that we could watch tonight?

오늘 저녁에 볼 만한 좋은 영화 추천해줄래?

→ Any good movies tonight?

오늘 밤 볼 만한 영화 있어?

I think I left my phone charger at your place yesterday.

어제 너희 집에 내 폰 충전기를 두고 온 것 같아.

→ Left my charger at yours?

내 충전기 너희 집에 두고 왔어?

Real Talk 3·5

1 우리 만나자!

2 재밌겠다!

3 오늘 너무 피곤해.

4 이번엔 패스할게.

5 난 다르게 생각해.

6 너한테 딱이야!

7 다른 사이즈 입어봐.

8 반반 내자.

9 가보자!

10 사진 찍어줄래?

Real-Life Dialogue 3·5

A **Italian or sushi?**

B _____

A **Which one?**

B **Sushi sounds better.**

A **Where next?**

B **Let's check it out!**

A **Looks far.**

B _____

답 | 1 Let's meet up! 2 Sounds like fun! 3 Too exhausted today. 4 Gotta skip this one. 5 I see it differently. 6 That's so you! 7 Try a different size. 8 Let's split it. 9 Let's check it out! 10 Snap a pic?
B That's a solid choice. B Quick break first?

망설임 없이 자신 있게 요청하라

"Speak with confidence, get results." (자신 있게 말하면 결과는 따라온다.)

우리는 종종 "Can I ask you something?(부탁 하나 해도 될까요?)" 혹은 "Is this okay?(이거 괜찮을까요?)" 같은 표현을 사용합니다. 하지만 이처럼 조심스러운 말투는 상대방에게 망설이는 인상을 주고, 결국 결정을 미루거나 거절하게 될 가능성을 높이게 됩니다. 상대방은 요청을 받아들일지 고민할 시간을 더 갖게 되고, "Well...(글쎄)" 같은 답변을 하게 되죠.

반면, 확신이 담긴 요청은 상대방을 즉각적으로 움직이게 만듭니다. 예를 들어 "Can you help me?(나 좀 도와줄래?)"보다는 "Help me!(도와주세요!)"라고 말했을 때 듣는 사람은 더 빠르게 행동을 취합니다.

짧고 확신 있는 어조는 메시지의 힘을 극대화할 수 있습니다. 그러니 어떤 부탁이든 상대방이 긍정적으로 반응하길 원한다면 확신을 전달해야 합니다. 연구에 따르면, 주저하는 표현보다 단호하게 요청할 때 상대방의 수락률이 40% 이상 높아진다고 합니다. "Would you be able to do this?(이거 해줄 수 있을까요?)"라고 상대방이 거절할 기회를 주는 대신에 "Do this.(이거 해주세요.)"라고 말하면 요청을 자연스럽게 받아들이게 되는 것입니다.

특히 3초 5단어 법칙을 활용하면 확신 있는 메시지가 더욱 효과적으로 전달됩니다. 핵심은 짧고 명확한 표현입니다. 요청을 전달할 때는 최대한 단순한 문장을 사용하고, 명령문을 활용하며, 차갑지 않으면서도 단호한 톤을 유지하는 것이 중요합니다.

이를테면 "Contact me when you're free.(시간 되면 연락 주세요.)" 대신 "Contact me.(연락 주세요.)"라고 말해보세요. "Is there a seat available?(혹시 자리 있어요?)" 대신 "Is a seat available?(자리 있나요?)"라고 하면 불필요한 단어를 줄이면서도 의미가 명확해집니다. "Could you take a look at this?(이거 한번 봐줄 수 있어요?)" 대신 "Look at this.(이거 봐주세요.)"라고 말하는 것이 훨씬 직접적인 소통이 됩니다.

결국, 중요한 것은 말을 길게 하지 않는 것입니다. 이제부터는 망설이지 마세요. 단호하게, 짧게, 확신을 담아 이야기하면 됩니다. 확신 있는 말이 신뢰를 만듭니다.

Section 1

확신 있는 요청하기
Making Firm Requests

반복 학습 체크 포인트 ✓○○○○○

Real Talk   **바로 쓸 수 있는 핵심 표현 익히기**

I need this now.	이거 지금 필요해.
Call me ASAP.	빨리 전화 줘.
Send it right away.	바로 보내줘.
Let's fix this issue.	이 문제 해결하자.
Join us tonight.	오늘 저녁 같이 하자.

Real-Life Dialogue   **상황별 실전 대화하기**

TIP! 직장에서 동료에게 업무 도움을 요청할 때 이렇게 대화해보세요.
간결하고 확신 있는 표현으로 효과적인 협업을 이끌어낼 수 있습니다.

A	Got a sec?	잠깐 시간 있어?
B	What's up?	무슨 일이야?
A	I need this now.	이거 지금 필요해.
B	Got it. I'm on it now.	알겠어, 지금 바로 할게.

주저함 없이 의견 말하기

Expressing Opinions Without Hesitation

반복 학습 체크 포인트 ✓○○○○○

| Real Talk | 바로 쓸 수 있는 핵심 표현 익히기 |

I disagree completely.　　　　　난 완전 동의하지 않아.

That's not gonna work.　　　　　그건 안 될 거야.

Let's try my idea.　　　　　내 방식으로 해보자.

This one's better.　　　　　이게 더 나아.

You're mistaken.　　　　　네가 틀렸어.

| Real-Life Dialogue | 상황별 실전 대화하기 |

TIP! 회의 중 다른 의견을 제시할 때 이렇게 대화해보세요.
자신감 있는 표현으로 설득력 있게 의견을 전달할 수 있습니다.

A　**We should delay this.**　　　　이거 연기하는 게 좋겠어.

B　**That's not gonna work.**　　　그건 안 될 거야.

A　**Why not?**　　　　왜 안 돼?

B　**Too many deadlines.**　　　이미 쫓기고 있는 마감이 많아.

친구와 약속 잡기
Making Plans with Friends

반복 학습 체크 포인트 ✓○○○○○

Real Talk   **바로 쓸 수 있는 핵심 표현 익히기**

Meet me tonight.	오늘 밤에 보자.
Be there by eight.	8시까지 와.
Let's go together.	같이 가자.
Dinner at six?	6시에 저녁 어때?
My place Saturday.	토요일에 우리 집에서.

Real-Life Dialogue   **상황별 실전 대화하기**

TIP: 친구와 주말 약속을 잡을 때 이렇게 대화해보세요.
확신 있는 제안으로 계획을 빠르게 확정할 수 있습니다.

A	**Any weekend plans?**	주말 계획 있어?
B	**Not yet.**	아직 없어.
A	**Meet me tonight.**	오늘 밤 보자.
B	**Sounds good.**	좋지.

직장에서 의견 강조하기
Emphasizing Opinions at Work

반복 학습 체크 포인트 ✓○○○○○

Real Talk	바로 쓸 수 있는 핵심 표현 익히기

I'm 100% sure.	난 100% 확신해.
Let's decide now.	지금 결정하자.
This is the best way.	이게 최선이야.
We must do this.	이건 필수야.
Try my method.	내 방식으로 해봐.

Real-Life Dialogue	상황별 실전 대화하기

TIP! 회의에서 자신의 아이디어를 강조할 때 이렇게 대화해보세요.
확신에 찬 표현으로 자신의 의견에 무게를 실을 수 있습니다.

A	Which approach works?	어떤 방식이 나을까?
B	Try my method.	내 방식으로 해봐.
A	Why yours?	왜 네 방식이야?
B	I'm 100% sure.	난 100% 확신하거든.

Section
5

협상에서 자신감 보이기
Showing Confidence in Negotiations

반복 학습 체크 포인트 ✓○○○○○

Real Talk　　바로 쓸 수 있는 핵심 표현 익히기

This price is final.	이 가격이 최종이야.
Deal closes today.	오늘 계약 마무리해.
Delivery by Friday.	금요일까지 배송해.
No changes allowed.	변경 불가야.
Sign here now.	여기 서명해.

Real-Life Dialogue　　상황별 실전 대화하기

TIP! 비즈니스 협상에서 이렇게 대화해보세요.
단호한 표현으로 유리한 협상 결과를 이끌어낼 수 있습니다.

A	We need more time.	시간이 더 필요해요.
B	Deal closes today.	오늘 계약 마무리해요.
A	That's too fast.	너무 빠른데요.
B	No changes allowed.	변경 불가예요.

Would you mind taking a look at this report sometime today?

오늘 중에 이 보고서 좀 봐주실 수 있을까요?

→ Review this report today.

오늘 이 보고서 검토해주세요.

I was wondering if you could give me feedback on my presentation?

제 발표에 대해 피드백을 주실 수 있을지 궁금합니다.

→ Give me feedback on this.

이거 피드백 좀 주세요.

Do you think we could reschedule our meeting to tomorrow afternoon?

내일 오후로 회의 일정을 변경할 수 있을까요?

→ Let's move the meeting.

회의 일정을 변경하죠.

I'm not entirely sure, but I think this approach might work better for our project.

완전히 확신하진 않지만, 이 접근법이 우리 프로젝트에 더 잘 맞을 것 같아요.

→ This approach is better.

이 방식이 더 나아요.

Would it be okay if I borrowed your notes from yesterday's lecture?

어제 강의 노트를 좀 빌려도 될까요?

→ Can I borrow your notes?

네 노트 좀 빌릴 수 있을까?

Real Talk 3·5

1 바로 보내줘.

2 이 문제 해결하자.

3 내 방식으로 해보자.

4 이게 더 나아.

5 6시에 저녁 어때?

6 같이 가자.

7 난 100% 확신해.

8 이게 최선이야.

9 변경 불가야.

10 여기 서명해.

Real-Life Dialogue 3·5

A **Got a sec?**

B **What's up?**

A _____

B **Got it. I'm on it now.**

A **Any weekend plans?**

B **Not yet.**

A _____

B **Sounds good.**

정답 | 1 Send it right away. 2 Let's fix this issue. 3 Let's try my idea. 4 This one's better. 5 Dinner at six? 6 Let's go together. 7 I'm 100% sure. 8 This is the best way. 9 No changes allowed. 10 Sign here now. A I need this now. A Meet me tonight.

87

칭찬은 명료하고 똑부러지게

칭찬은 인간관계 속에서 강력하고 긍정적인 힘을 가지고 있는 유용한 도구입니다. 하지만 길고 장황한 칭찬은 오히려 진정성을 떨어뜨리고 핵심을 흐리게 만들 수도 있습니다. 짧고 명확한 표현으로 칭찬했을 때 상대에게 더 강한 인상을 남기고, 상대방의 마음을 사로잡기도 쉽죠.

실제 연구에서도 간결함과 감정적 연결의 중요성이 강조되었습니다. 스탠포드 대학교의 제니퍼 아커Jennifer Aaker 교수는 행복과 의미에 관한 연구를 통해 명확한 메시지와 감정적 연결의 가치를 입증했습니다. 예를 들어 "You're amazing at this!(이건 네가 최고야!)", "Love your energy today!(오늘 에너지가 대단해!)" 같은 짧고 명확한 표현은 즉각적인 감정적 반응을 이끌어낼 수 있습니다.

그렇다면 어떻게 더 강력한 칭찬의 메시지를 전할 수 있을까요?

첫째, 핵심만 남기세요.

불필요한 설명 없이 본질을 짚어야 합니다. 예를 들어, "Great idea!(좋은 생각이야!)"라고 하면 상대방은 즉각적으로 인정받았다고 느낍니다. 반면, "네 아이디어가 굉장히 창의적이고 멋지다고 생각해."라고 길게 말하면 오히려 의미가 약해질 수 있습니다.

둘째, 상대방을 중심에 둔 표현을 사용하세요.

칭찬은 듣는 사람이 '나를 향한 말'이라고 느낄 때 더욱 효과적입니다. 예를 들어 "Your speech was powerful.(네 연설 정말 강렬했어.)"라고 하면 상대방은 직접적으로 자신의 성과를 인정받는 기분이 듭니다. 반면 "그 연설은 꽤 인상적이었어."라는 표현은 다소 모호하게 들릴 수 있습니다.

셋째, 감정을 담아 표현하세요.

똑같은 말이라도 감정을 실으면 훨씬 더 효과적입니다. 예를 들어, "You nailed it!(완전 끝내줬어!)", "So proud of you!(진짜 자랑스러워!)" 같은 표현은 단순히 좋은 평가를 넘어서 듣는 이의 감정을 움직입니다.

칭찬을 할 때 중요한 것은 군더더기 없이, 감정을 담아, 상대방을 중심에 둔 칭찬을 하는 것입니다. 누군가를 진심으로 인정하고 싶다면, 화려한 수식어보다 짧고 강한 표현을 선택하세요. 단순한 한마디가 복잡한 설명보다 훨씬 더 진정성 있게 전달됩니다.

동료의 프레젠테이션을 본 후
Complimenting a Colleague's Presentation

반복 학습 체크 포인트 ✓○○○○○

Real Talk　　**바로 쓸 수 있는 핵심 표현 익히기**

Super impressive!	완전 감동이야!
So clear and strong!	분명하고 강렬했어!
You crushed it!	진짜 잘했어!
Flawless delivery!	완벽한 발표였어!
Made it look easy!	쉽게 보이게 했어!

Real-Life Dialogue　　**상황별 실전 대화하기**

TIP! 동료의 프레젠테이션 후 이렇게 대화해보세요.
짧은 칭찬으로도 상대방에게 큰 자신감을 줄 수 있습니다.

A	**How was my presentation?**	내 발표 어땠어?
B	**You crushed it!**	진짜 잘했어!
A	**Really? Was it engaging?**	정말? 집중하기는 좋았고?
B	**So clear and strong!**	분명하고 강렬했어!

친구가 중요한 시험을 끝냈을 때

Encouraging a Friend After an Exam

반복 학습 체크 포인트 ✓○○○○○

Real Talk ｜ 바로 쓸 수 있는 핵심 표현 익히기

Finally done, congrats!	드디어 끝났다, 축하해!
Bet that feels great!	완전 후련하겠다!
You gave it all!	넌 최선을 다했어!
Time to relax!	이제 쉬어야지!
Super proud of you!	너무 자랑스러워!

Real-Life Dialogue ｜ 상황별 실전 대화하기

TIP! 시험을 마친 친구에게 이렇게 대화해보세요.
간결한 칭찬으로도 친구의 노력을 인정해줄 수 있습니다.

A	Just finished finals!	기말고사 끝났다!
B	Super proud of you!	진짜 자랑스러워!
A	It was really tough.	진짜 힘들었어.
B	Time to relax!	이제 쉬어야지!

팀 프로젝트에서 친구가
좋은 아이디어를 냈을 때
Praising a Teammate's Idea

반복 학습 체크 포인트 ✓○○○○○

Real Talk | **바로 쓸 수 있는 핵심 표현 익히기**

Brilliant idea!	천재적이야!
That's genius!	천재적이야!
Game-changing idea!	혁신적인 아이디어야!
Perfect solution!	완벽한 해결책이야!
You nailed it!	너무 잘했어!

Real-Life Dialogue | **상황별 실전 대화하기**

TIP! 팀원이 좋은 아이디어를 냈을 때 이렇게 대화해보세요.
간결한 표현으로도 팀원의 기여를 인정할 수 있습니다.

A	**What about using AI?**	AI 활용하면 어떨까?
B	**Game-changing idea!**	완전 혁신적인 아이디어야!
A	**Think it'll work?**	효과 있을까?
B	**Perfect solution!**	완벽한 해결책이야!

친구의 패션 센스를 칭찬할 때

Complimenting a Friend's Fashion Sense

반복 학습 체크 포인트 ✓○○○○○

Real Talk　　바로 쓸 수 있는 핵심 표현 익히기

That's so stylish!　　완전 스타일리시해!

You pull it off!　　완전 찰떡이야!!

Love the colors!　　색 조합 최고야!

So fresh and cool!　　너무 세련되고 멋져!

Perfect match for you!　　너랑 찰떡이야!

Real-Life Dialogue　　상황별 실전 대화하기

TIP! 친구의 새 옷이나 스타일을 칭찬할 때 이렇게 대화해보세요.
간결한 칭찬이 더 진실되게 들립니다.

A　New outfit, thoughts?　　새 옷 어때?

B　You pull it off!　　완전 찰떡이야!

A　Not too flashy?　　너무 튀진 않아?

B　So fresh and cool!　　너무 세련되고 멋져!

친구의 요리 솜씨를 칭찬할 때
Praising a Friend's Cooking

반복 학습 체크 포인트 ✓○○○○○

Real Talk | **바로 쓸 수 있는 핵심 표현 익히기**

Absolutely delicious!	완전 맛있어!
Better than a restaurant!	식당보다 더 맛있어!
Seriously amazing flavors!	진짜 맛이 끝내줘!
Top-notch cooking!	요리 실력 대박!
I need this recipe!	레시피 꼭 알려줘!

Real-Life Dialogue | **상황별 실전 대화하기**

TIP! 친구가 요리한 음식을 맛볼 때 이렇게 대화해보세요.
짧고 직접적인 칭찬이 요리사를 더 기쁘게 합니다.

A	**How's the pasta?**	파스타 어때?
B	**Absolutely delicious!**	완전 맛있어!
A	**Not too salty?**	너무 짜진 않아?
B	**Seriously amazing flavors!**	진짜 맛이 끝내줘!

Your effort on this project shows! Great work!

이 프로젝트에 들인 노력이 보여! 정말 잘했어!

→ Your hard work shows!

네 노력이 안 봐도 훤히 보여!

Your presentation yesterday was informative and well-structured!

어제 네 발표는 유익하고 잘 구성되어 있었어!

→ Amazing presentation yesterday!

어제 발표 대단했어!

The way you handled that customer was professional and impressive!

네가 그 고객을 대한 방식이 전문적이고 인상적이었어!

→ You handled that perfectly!

네가 완벽하게 대처했지!

Your new haircut looks fantastic and suits your face perfectly!

네 새 헤어컷이 환상적이고 얼굴에 완벽하게 어울려!

→ Your haircut looks amazing!

네 헤어컷 완전 멋져!

Your creative solution to our marketing problem was truly innovative!

마케팅 문제에 대한 네 창의적인 해결책은 정말 혁신적이었어!

→ Brilliant solution! So creative!

정말 기발한 해결책이야!

Real Talk 3·5

1 진짜 잘했어!

2 완벽한 발표였어!

3 드디어 끝났다, 축하해!

4 넌 최선을 다했어!

5 혁신적인 아이디어야!

6 완벽한 해결책이야!

7 완전 스타일리시해!

8 너무 세련되고 멋져!

9 완전 맛있어!

10 레시피 꼭 알려줘!

Real-Life Dialogue 3·5

A **Just finished finals!**

B _____

A **It was really tough.**

B **Time to relax!**

A **New outfit, thoughts?**

B _____

A **Not too flashy?**

B **So fresh and cool!**

답 | 1 You crushed it! 2 Flawless delivery! 3 Finally done, congrats! 4 You gave it all! 5 Game-changing idea! 6 Perfect solution! 7 That's so stylish! 8 So fresh and cool! 9 Absolutely delicious! 10 I need this recipe! B Super proud of you! B You pull it off!

신뢰는 즉각적인 반응에서 시작된다

영어로 소통할 때 가장 중요한 요소는 무엇일까요? 유창한 문장력도, 복잡한 어휘도 아닙니다. 핵심은 즉각적이고 명확한 반응입니다. 상대방이 질문했을 때 머뭇거리지 않고 빠르게 대답하는 것은 단순한 회화 기술을 넘어 신뢰를 쌓는 중요한 요소가 됩니다. 많은 영어 학습자가 문장을 길고 정교하게 만들려다 보니 오히려 말문이 막히고 결국 대화의 흐름을 놓치곤 합니다. 하지만 원어민들의 경우, 길고 복잡한 문장보다 짧고 핵심적인 반응을 우선시합니다. 신속한 피드백이야말로 대화의 흐름을 유지하고 상대방과의 관계를 돈독하게 만드는 중요한 요소입니다.

예를 들어 누군가 질문을 했을 때 "Let me think...(잠깐 생각해볼게요.)" 혹은 "Umm... I'm not sure...(음... 잘 모르겠어요.)" 같은 반응을 하면 대화의 속도감이 떨어질 수밖에 없습니다. 반면 "Got it!(알겠습니다!)", "Sounds good!(좋습니다!)", "I'll check!(확인해보겠습니다!)"처럼 즉각적으로 대답한다면 상대방도 대화에 더욱 몰입하는 것을 느낄 수 있습니다.

그 짧은 한마디를 통해 상대에게 자신이 대화에 적극적으로 참여하고 있으며, 소통에 능숙하다는 인상을 줄 수 있는 것입니다. 신속한 반응은 단순히 대화를 원활하게 하는 데 도움이 되는 것뿐 아니라, 상대방과 관계를 쌓고 신뢰를 구축하는 데 있어서도 결정적인 역할을 합니다.

물론 빠른 반응만큼 중요한 것이 메시지의 명확성입니다. 영어 회화에서 많은 분들이 길고 복잡한 문장을 만들려고 노력하지만, 실제 원어민들은 짧고 간결한 문장을 더 선호합니다. 명확한 커뮤니케이션은 불필요한 오해를 줄이고, 상대방이 말을 이해하는 데 드는 시간을 단축시킵니다.

예를 들어, "I think this idea is really interesting and we should definitely try it.(저는 이 아이디어가 정말 흥미롭다고 생각하고, 반드시 시도해봐야 한다고 생각합니다.)" 대신 "This idea is great!(이 아이디어 좋네요!)"이라고 말하면 의미 전달이 더 빠르고 효과적입니다. 마찬가지로, "Maybe we can meet tomorrow afternoon if you are available.(혹시 가능하시다면 내일 오후에 만날 수도 있을까요?)"보다 "Can we meet tomorrow?(내일 만날 수 있을까요?)"가 훨씬 더 직관적입니다. 명확한 메시지는 신뢰를 구축하고, 상대방이 대화에 쉽게 몰입할 수 있도록 만듭니다.

상대방이 질문했을 때 망설이지 말고 바로 반응하고, 불필요하게 길게 말하기보다 핵심을 간결하게 전달하는 연습을 해보시길 바랍니다. 이런 작은 변화만으로도 대화의 흐름이 자연스러워지고, 상대방과의 신뢰도 더욱 깊어질 것입니다. 신속한 피드백은 더 나은 소통을 위한 강력하고 효과적인 도구입니다.

뷰티 제품을 구매할 때
Buying Beauty Products

반복 학습 체크 포인트 ✓○○○○○

Real Talk 　**바로 쓸 수 있는 핵심 표현 익히기**

Obsessed with this color!	이 색상 완전 취향이야!
This serum is magic!	이 세럼 진짜 대박이야!
Looks amazing on you!	너한테 너무 잘 어울려!
Need help picking?	고르는 거 도와줄까?
I'm getting this now!	이거 당장 살래!

Real-Life Dialogue 　**상황별 실전 대화하기**

TIP: 뷰티 제품 구매 시 이렇게 대화해보세요.
3초 5단어로 즉각적인 반응과 확신이 더 분명하게 드러납니다.

A	**How's this lipstick?**	이 립스틱 어때?
B	**Obsessed with this color!**	이 색 완전 내 스타일!
A	**Should I try another?**	다른 것도 발라볼까?
B	**I'm getting this now!**	나 이거 당장 살래!

패션 조언하기
Giving Fashion Advice

반복 학습 체크 포인트 ✓○○○○○

Real Talk   바로 쓸 수 있는 핵심 표현 익히기

Perfect fit!	완벽한 핏!
Try a bolder look.	더 과감한 스타일 도전해봐!
Red pops on you!	빨간색 너한테 진짜 잘 어울려!
Pair it with boots.	부츠랑 같이 신어봐!
This is a must-buy!	이건 무조건 사야 해!

Real-Life Dialogue   상황별 실전 대화하기

TIP! 패션 조언 상황에서 이렇게 대화해보세요.
3초 5단어로 빠르고 명확한 피드백이 가능합니다.

A	**How's this jacket?**	이 재킷 어때?
B	**Perfect fit!**	너한테 핏이 딱 맞아!
A	**Too bold?**	너무 튀지 않을까?
B	**Red pops on you!**	빨간색 너한테 진짜 잘 어울려!

트렌드 토론하기
Discussing Trends

반복 학습 체크 포인트 ✔○○○○○

Real Talk	바로 쓸 수 있는 핵심 표현 익히기

This trend is everywhere!	이 트렌드 요즘 엄청 유행이야!
Totally overhyped!	솔직히 너무 과대평가됐어!
Loving the retro vibe!	레트로 감성 너무 좋아!
Street style dominates now.	지금은 스트릿 패션이 대세야.
Seen the latest drop?	최신 컬렉션 봤어?

Real-Life Dialogue	상황별 실전 대화하기

TIP! 트렌드 토론 상황에서 이렇게 대화해보세요.
3초 5단어로 즉각적이고 명확한 의견 교환이 가능합니다.

A	**90s style is back!**	90년대 스타일이 돌아왔어!
B	**Seen the latest drop?**	최신 컬렉션 봤어?
A	**It's all over Instagram!**	인스타에서 엄청 뜨던데!
B	**Loving the retro vibe!**	레트로 감성 너무 좋아!

트렌드 예측하기

Predicting Fashion Trends

반복 학습 체크 포인트 ✓○○○○○

바로 쓸 수 있는 핵심 표현 익히기

Real Talk

This will be huge!	이거 완전 뜰 거야!
Already losing momentum.	벌써 시들해지는 중이야.
Watch for fresh designs.	새로운 디자인 주목해봐!
Edgy looks are coming.	과감한 스타일이 뜰 거야.
Sustainability is the future.	지속 가능성이 미래를 결정해.

상황별 실전 대화하기

Real-Life Dialogue

TIP! 트렌드 예측 상황에서 이렇게 대화해보세요.
3초 5단어로 트렌드에 대한 의견을 명확하게 전달합니다.

A	**Think oversized stays?**	오버핏 스타일 계속 유행할까?
B	**Already losing momentum.**	벌써 시들해지는 중이야.
A	**What's next?**	다음 트렌드는 뭐야?
B	**Edgy looks are coming.**	과감한 스타일이 뜰 거야.

스킨케어 루틴에 대해 대화하기

Discussing Skincare Routines

반복 학습 체크 포인트

바로 쓸 수 있는 핵심 표현 익히기

Sunscreen is a must!	선크림 필수야!
Hydration is everything.	수분이 가장 중요해.
Results take consistency!	꾸준히 해야 효과 있어!
Double cleanse every night!	밤에는 꼭 이중 세안해!
Serums work wonders!	세럼 효과 진짜 좋아!

Real-Life Dialogue 상황별 실전 대화하기

TIP: 스킨케어 루틴에 대해 이야기하는 상황에서 이렇게 대화해보세요.
3초 5단어로 조언과 경험 공유가 더 효과적으로 전달됩니다..

A	My skin's so dry.	피부가 너무 건조해.
B	Hydration is everything.	수분이 가장 중요해.
A	Any product recommendations?	제품 추천해줄 수 있어?
B	Double cleanse every night!	밤에는 꼭 이중 세안해!

Love this brand's new makeup collection.

이 브랜드의 새 메이크업 컬렉션이 좋아요.

→ I love this collection.

난 이 컬렉션이 좋아.

Is this dress good for tonight's formal dinner?

이 드레스가 오늘 저녁 공식 만찬에 적합할까요?

→ Is this dress formal enough?

이 드레스 충분히 격식이 있어?

Sustainable fashion will grow more important soon.

지속 가능한 패션이 곧 더 중요해질 거예요.

→ Sustainable fashion is the future.

지속 가능한 패션이 대세야.

When's best for vitamin C serum, morning or night?

비타민 C 세럼은 언제 쓰는 게 좋을까요, 아침 또는 밤?

→ Morning or night for this?

이거 아침에 발라? 저녁에?

Might try that trending hair color from social media.

소셜 미디어에서 유행하는 그 헤어 컬러를 시도해볼까 해요.

→ Thinking of trying this trend.

이 트렌드 시도해볼까 생각 중.

Real Talk 3·5

1 이 색상 완전 취향이야!

2 너한테 너무 잘 어울려!

3 이거 당장 살래!

4 완벽한 핏!

5 부츠랑 같이 신어봐!

6 이 트렌드 요즘 엄청 유행이야!

7 레트로 감성 너무 좋아!

8 과감한 스타일이 뜰 거야.

9 선크림 필수야!

10 밤에는 꼭 이중 세안해!

Real-Life Dialogue 3·5

A **90s style is back!**

B _____

A **It's all over Instagram!**

B **Loving the retro vibe!**

A **My skin's so dry.**

B _____

A **Any product recommendations?**

B **Double cleanse every night!**

답 | 1 Obsessed with this color! 2 Looks amazing on you! 3 I'm getting this now! 4 Perfect fit! 5 Pair it with boots. 6 This trend is everywhere! 7 Loving the retro vibe! 8 Edgy looks are coming. 9 Sunscreen is a must! 10 Double cleanse every night! B Seen the latest drop? B Hydration is everything.

105

CHAPTER 2

쿨하고
자연스럽게

5단어 대화법

COOL &
CASUAL IN
5 WORDS

대화는 눈맞춤에서 시작된다

"I see you." (난 널 제대로 보고 있어.)

"You have my attention." (네 말에 집중하고 있어.)

우리는 매일 누군가와 대화를 나누지만, 진정한 소통은 단순한 말이 아니라 시선과 관심에서 시작됩니다. 상대방이 자신이 중요한 존재라고 느낄 때 대화의 깊이가 더해지고 관계는 자연스럽게 발전합니다. 눈맞춤을 유지하는 것만으로도 신뢰가 형성되고 상대방의 태도 역시 한층 더 열리게 됩니다. 반대로 시선을 피하면 관심이 없다는 인상을 줄 수밖에 없습니다.

실제로 심리학자 앨버트 메라비안Albert Mehrabian의 연구에 따르면 의사소통에서 언어가 차지하는 비중은 단 7%에 불과하다고 합니다. 그외에 목소리 톤이 38%, 비언어적 요소가 55%를 차지합니다. 그만큼 눈맞춤과 같은 비언어적 신호가 대화의 본질을 결정짓는 중요한 요소라는 뜻입니다.

그렇다면 눈맞춤과 함께 어떻게 말을 건네야 할까요? 길고 복잡한 문장보다 짧고 강력한 5단어 대화법이 더 효과적입니다.

"I love hearing your ideas." (네 아이디어 듣는 게 좋아.)

"Tell me what you think." (네 생각을 말해줘.)

"That's a great perspective." (정말 좋은 관점이야.)

이처럼 짧고 명확한 문장에 눈맞춤이 더해지면 상대방은 더욱 적극적으로 대화에 참여하게 됩니다. 단순한 대화를 넘어 서로 신뢰와 공감을 쌓는 의미 있는 순간을 만들어갈 수 있습니다.

결국 대화의 시작은 복잡한 말이 아니라 진정성 있는 눈맞춤과 간결한 한마디에서 비롯됩니다. 예일대학교의 심리학자 데이비드 브룩스 David Brooks의 연구에 따르면, 우리가 하는 대화의 질은 단어의 양보다 감정적 연결의 깊이에 더 크게 영향을 받는다고 합니다. 눈맞춤과 같은 비언어적 신호가 대화의 본질을 결정짓는 중요한 요소라는 뜻입니다.

"I see you. I care." (난 널 보고, 널 신경 써.)

이 짧은 한마디면 충분합니다. 이 단순한 문장이 만드는 변화를 직접 경험해보세요.

회의에서 의견을 요청할 때

Asking for opinions in a meeting

반복 학습 체크 포인트 ✓○○○○○

Real Talk **바로 쓸 수 있는 핵심 표현 익히기**

I want your thoughts now.	지금 네 생각이 필요해.
Speak up on this.	이거에 대해 말해봐.
I value what you think.	네 생각을 소중하게 여겨.
You've got great insight.	넌 통찰력이 좋아.
Be real with me.	솔직하게 말해줘.

Real-Life Dialogue **상황별 실전 대화하기**

TIP! 회의에서 눈맞춤으로 의견을 요청할 때 이렇게 해보세요.
진지한 눈맞춤과 짧은 요청이 함께하면 상대방은 더 적극적으로 참여합니다.

A	**You've got great insight.**	넌 통찰력이 좋아.
B	**Not sure if I should.**	말해야 할지 모르겠어.
A	**I really value what you think.**	난 네 의견이 진짜 중요해.
B	**Alright, I'll say it.**	그럼 말해볼게.

110

친구와 대화할 때
Talking with a friend

반복 학습 체크 포인트 ✅○○○○○

Real Talk 바로 쓸 수 있는 핵심 표현 익히기

I missed you, man.	야, 보고 싶었어.
You seem off today.	너 오늘 좀 안 좋아 보인다.
I hear you.	네 말 이해해.
You make my day.	넌 내 하루를 밝게 해.
I got you.	난 네 편이야.

Real-Life Dialogue 상황별 실전 대화하기

TIP! 친구와의 대화에서 눈맞춤을 활용해보세요.
진심 어린 시선은 친밀감을 더욱 깊게 만듭니다.

A	**You seem off today.**	너 오늘 좀 안 좋아 보인다.
B	**Just dealing with stuff.**	그냥 좀 신경 쓸 일이 있어서.
A	**I got you.**	난 네 편이야.
B	**That means a lot.**	정말 큰 힘이 돼.

처음 만난 사람과 대화할 때

Talking with someone new

반복 학습 체크 포인트 ✓○○○○○

Real Talk	바로 쓸 수 있는 핵심 표현 익히기

You're interesting.   너 참 흥미로운 사람이야.

You got my attention.   네가 내 관심을 끌었어.

Nice meeting you.   만나서 반가워.

You're easy to talk to.   너랑 대화하기 편해.

I like your vibe.   너 느낌 좋다.

Real-Life Dialogue	상황별 실전 대화하기

TIP! 처음 만난 사람과의 대화에서 눈맞춤은 신뢰를 형성합니다.
시선을 통해 관심을 표현하면 첫인상이 더욱 강렬해집니다.

A   **You're interesting.**   너 참 흥미로운 사람이야.

B   **That's nice of you.**   그렇게 말해줘서 고마워.

A   **No, I really mean it.**   아니, 진짜 진심이야.

B   **I feel that, too.**   나도 그렇게 느껴.

갈등 상황에서 대화할 때

Talking during a conflict

반복 학습 체크 포인트 ✓○○○○○

| Real Talk | 바로 쓸 수 있는 핵심 표현 익히기 |

I get why you're upset.	난 네가 왜 화났는지 알겠어.
I'm all ears.	완전 집중해서 듣고 있어.
Let's fix this.	이 문제 해결하자.
You matter to me.	넌 나한테 소중해.
I hear you.	네 말 이해해.

| Real-Life Dialogue | 상황별 실전 대화하기 |

TIP! 갈등 상황에서 눈맞춤은 진정성을 보여주는 열쇠입니다.
상대방의 눈을 바라보며 대화하면 해결책을 찾기가 더 쉬워집니다.

A	**I hear you.**	네 말 이해해.
B	**Doesn't feel like it.**	근데 그렇게 안 느껴져.
A	**No, I'm really listening.**	아니야, 진심으로 듣고 있어.
B	**Yeah, I see that now.**	그래, 이제 알겠어.

113

음식점에서 주문할 때

Ordering food at a restaurant

반복 학습 체크 포인트 ✓○○○○○

Real Talk | **바로 쓸 수 있는 핵심 표현 익히기**

I'll take this, please.	이거 주세요.
Your food's amazing.	음식이 정말 맛있어요.
I love this place.	여기 분위기 너무 좋아요.
This is so good.	이거 진짜 맛있네요.
Can I see a menu?	메뉴판 볼 수 있을까요?

Real-Life Dialogue | **상황별 실전 대화하기**

TIP: 식당에서 눈맞춤은 친절함과 존중을 보여줍니다.
서버의 눈을 바라보며 주문하면 서비스가 더 좋아질 수 있습니다.

A	Your food's amazing.	음식이 정말 맛있어요.
B	What can I get you?	뭐 주문하시겠어요?
A	I'll take the pasta.	파스타 주세요.
B	Great choice! Coming right up.	좋은 선택이에요! 바로 가져올게요.

I'd appreciate your honest feedback on my presentation.

제 발표에 대한 솔직한 피드백 주시면 감사하겠습니다.

→ I need your honest feedback.

솔직한 피드백이 필요해.

You seem to be struggling with the project lately.

최근에 프로젝트로 어려움을 겪는 것 같네요.

→ You seem stressed. Talk to me.

스트레스 받아 보여. 나한테 편하게 말해.

I notice your unique problem-solving approach.

당신의 독특한 문제 해결 방식이 눈에 띄네요.

→ Your approach is impressive.

네 접근법 정말 인상적이야.

**Would you share thoughts on our
new marketing strategy?**

새 마케팅 전략에 대한 생각을 공유해 주시겠어요?

→ What's your take on this?

여기에 대한 네 생각은?

I think eye contact is key for effective communication.

눈맞춤이 효과적인 의사소통의 핵심이라고 생각합니다.

→ Eye contact builds connection.

눈맞춤이 연결을 만들어.

Real Talk 3·5

1 지금 네 생각이 필요해.

2 솔직하게 말해줘.

3 네 말 이해해.

4 난 네 편이야.

5 만나서 반가워.

6 너랑 대화하기 편해.

7 네가 왜 화났는지 알겠어.

8 넌 나한테 소중해.

9 여기 분위기 너무 좋아요.

10 음식이 정말 맛있어요.

Real-Life Dialogue 3·5

A _____

B Not sure if I should.

A I really value what you think.

B Alright, I'll say it.

A _____

B That's nice of you.

A No, I really mean it.

B I feel that, too.

답 | 1 I want your thoughts now. 2 Be real with me. 3 I hear you. 4 I got you. 5 Nice meeting you. 6 You're easy to talk to. 7 I get why you're upset. 8 You matter to me. 9 I love this place. 10 Your food's amazing. A You've got great insight. A You're interesting.

거절은 단호하게, 하지만 부드럽게

"Saying no protects your time, energy, and peace."

(거절할 줄 알아야 시간도, 에너지도, 평화도 지킬 수 있다.)

우리는 살아가면서 크고 작은 요청을 끊임없이 받게 됩니다. 친구의 사소한 부탁부터 직장 상사의 추가 업무 요청, 가족의 기대, 낯선 사람의 부탁까지―이 모든 순간마다 우리는 '거절'이라는 선택지를 갖고 있습니다. 그러나 거절은 단순히 "안 돼요."라고 말하는 것이 아닙니다. 상대방과의 관계를 해치지 않으면서도 내 시간과 에너지를 지키는 기술이죠. 너무 단호하면 차갑고 이기적으로 보일 수 있고, 반대로 너무 미안해하면 결국 거절하지 못하고 부담을 떠안게 됩니다. 하지만 모든 요청을 받아들일 수는 없습니다. 자신의 한계를 인정하고 건강한 경계를 설정하는 것은 결코 이기적인 행동이 아니며, 오히려 지속 가능한 관계를 유지하는 데 필수적인 요소입니다.

그렇다면 어떻게 하면 상대방에게 불필요한 상처를 주지 않으면서도 자연스럽고 단호하게 거절할 수 있을까요? 해답은 바로 '5단어 거절법'입니다. 짧고 명확한 문장으로 정중하지만 확실하게 거절하면 불필요한 감정 소모 없이도 의사를 전달할 수 있습니다. 거절의 표현을 하기 위해 다음의 핵심 원칙 몇 가지를 기억해보세요.

첫째, 짧고 명확하게 말하세요. 장황하게 이유를 말하면 상대가 대안을 제시할 가능성이 커지고, 그러면 우물쭈물하다가 결국 요청을 수락하게 될 수 있습니다. 둘째, 시선을 피하거나 머뭇거리지 말고 눈을 맞추며 차분한 목소리로 말하세요. 그러면 상대방도 거절을 자연스럽게 받아들이게 됩니다. 셋째, 단순한 거절보다 "Thanks, but I can't.(고맙지만 어렵겠어요.)" 같은 문장을 사용하면 거절이 훨씬 부드럽게 전달됩니다. 필요한 경우에는 "다음번에 도와드릴게요.(I got you next time!)"처럼 대안을 제시하는 것도 좋은 방법입니다.

일상에서 부담 없이 사용할 수 있는 간결한 5단어 거절 문장을 활용하면, 상대방에게 불필요한 오해를 주지 않으면서도 내 의사를 확실히 전달하는 데 효과적입니다. 단호하게 거절하는 것을 두려워하지 마세요. 거절은 자신의 우선 순위를 정하고, 스스로를 위한 공간을 확보하는 일입니다. 그러니 당당하게, 하지만 부드럽게 말하세요.

"Sorry, can't do!" (미안하지만 안 돼요.)

"No, but thank you." (아니요, 하지만 감사합니다.)

"I appreciate it, but no." (고맙지만 안 될 것 같아요.)

일반적인 요청을 거절할 때
Saying no to a request

반복 학습 체크 포인트 ✓○○○○○

Real Talk **바로 쓸 수 있는 핵심 표현 익히기**

Sorry, I can't do that.	미안, 그건 안 돼.
I appreciate it, but no.	고맙지만 어렵겠어.
Not this time, maybe later.	이번엔 안 돼, 나중에.
That won't work for me.	그건 힘들 것 같아.
Gotta say no this time.	이번엔 거절해야겠어.

Real-Life Dialogue **상황별 실전 대화하기**

TIP: 일상적인 요청에 대해 거절할 때는 명확하고 간결하게 표현하세요.
눈을 마주치며 부드럽게 말하면 거절의 의도가 분명하게 전달됩니다.

A **Can you help me move this weekend?**

이번 주말에 이사 좀 도와줄 수 있어?

B **I already have plans.** 이미 일정이 있어.

A **Maybe just for an hour?** 한 시간만이라도?

B **Sorry, I can't do that.** 미안, 그건 안 돼.

약속이나 초대 거절할 때
Saying no to plans or an invite

반복 학습 체크 포인트 ⊘○○○○○

Real Talk　　**바로 쓸 수 있는 핵심 표현 익히기**

Got plans already, sorry.　　이미 일정이 있어, 미안.

Maybe next time!　　다음에 보자!

Can't make it today.　　오늘은 힘들어.

Wish I could, but no.　　그러고 싶지만 안 돼.

That time doesn't work.　　그 시간은 안 돼.

Real-Life Dialogue　　**상황별 실전 대화하기**

TIP! 약속이나 초대를 거절할 때는 미래의 가능성을 열어두면 좋습니다.
눈맞춤과 함께 정중하게 거절하면 상대방의 기분을 덜 상하게 할 수 있습니다.

A　**Join us for dinner tonight!**　　오늘 저녁 같이 먹자!

B　**Can't make it today.**　　오늘은 힘들어.

A　**We'll miss you there.**　　네가 없으면 섭섭할 거야.

B　**Maybe next time!**　　다음에 보자!

부담스러운 부탁을 거절할 때

Saying no to a big favor

반복 학습 체크 포인트 ⊘○○○○○

| Real Talk | 바로 쓸 수 있는 핵심 표현 익히기 |

Wish I could, but no.   도와주고 싶지만 안 돼.

That's too much for me.   그건 나한테 너무 부담돼.

I'm not cool with that.   그건 좀 어려워.

I have to say no.   이번엔 거절할게.

Can't take that on.   그건 못 맡아.

| Real-Life Dialogue | 상황별 실전 대화하기 |

TIP! 부담스러운 부탁은 더욱 단호하게 거절해야 합니다.
자신의 경계를 명확히 하는 것이 장기적으로 관계에 도움이 됩니다.

A   Can you cover my shift again?   이번에도 내 근무 좀 대신해줄 수 있어?

B   I have to say no.   이번엔 거절할게.

A   Seriously? I really need it.   진짜야? 나 진짜 필요해.

B   I get that, but I can't.   이해는 가지만, 어쩔 수 없어.

직장에서 거절할 때
Saying no at work

반복 학습 체크 포인트 ✔○○○○○○

Real Talk 바로 쓸 수 있는 핵심 표현 익히기

Can't take this right now.   지금은 못 맡아요.

Let's find another option.   다른 방법을 찾아보죠.

Gotta pass on this one.   이번엔 패스할게요.

My plate's already full.   이미 할 일이 많아요.

I have other priorities.   지금은 다른 게 우선이에요.

Real-Life Dialogue 상황별 실전 대화하기

TIP! 직장에서 거절할 때는 대안을 제시하면 더 전문적으로 보입니다.
눈맞춤과 함께 자신감 있게 말하면 존중받는 거절이 가능합니다.

A **Can you take this project?**   이 프로젝트 맡아줄 수 있나요?

B **Can't take this right now.**   지금은 못 맡아요.

A **It's pretty urgent though.**   꽤 급한 일인데요.

B **Let's find another option.**   다른 방법을 찾아보죠.

가족의 기대를 거절할 때

Saying no to family expectations

반복 학습 체크 포인트 ✓○○○○○

Real Talk **바로 쓸 수 있는 핵심 표현 익히기**

I need my own space.	난 내 공간이 필요해.
I have different plans.	난 다른 계획이 있어.
I make my own choices.	내 선택은 내가 해.
This isn't right for me.	이건 내 길이 아니야.
I'm taking a different path.	난 다른 길을 갈 거야.

Real-Life Dialogue **상황별 실전 대화하기**

TIP: 가족의 기대를 거절할 때는 자신의 입장을 명확히 하는 것이 중요합니다.
존중하는 태도로 대화하면서 자신의 경계를 설정하세요.

A	Join the family business.	가업을 이어가.
B	I have different plans.	전 다른 계획이 있어요.
A	You're really saying no?	진짜 거절하는 거야?
B	It's my own path.	제 길입니다.

I cannot attend your meeting tomorrow afternoon.
내일 오후 회의에 참석할 수 없습니다.

➡ I can't make it tomorrow.
내일은 참석이 어려워요.

Thanks for inviting me to the party, but I can't join.
파티에 초대해주셔서 감사하지만, 참석할 수 없어요.

➡ Thanks, but I can't go.
고마워, 그런데 못 갈 것 같아.

I want to help with your project but can't now.
프로젝트를 도와드리고 싶지만 지금은 불가능해요.

➡ Wish I could, but no.
도와주고 싶지만 지금은 어려워.

My schedule is too full for additional work.
제 일정이 너무 꽉 차서 추가 업무가 어렵습니다.

➡ Too busy right now.
지금 너무 바빠.

I need to focus on myself right now.
지금은 저 자신에게 집중해야 합니다.

➡ I need some time.
조금 시간이 필요해.

Real Talk 3·5

1   이번엔 안 돼, 나중에.

2   그건 힘들 것 같아.

3   오늘은 힘들어.

4   그 시간은 안 돼.

5   그건 나한테 너무 부담돼.

6   이번엔 거절할게.

7   다른 방법을 찾아보죠.

8   이미 할 일이 많아요.

9   난 다른 계획이 있어.

10   내 선택은 내가 해.

Real-Life Dialogue 3·5

A   Can you help me move this weekend?

B   I already have plans.

A   Maybe just for an hour?

B   _____

A   Can you take this project?

B   _____

A   It's pretty urgent though.

B   Let's find another option.

답 | 1 Not this time, maybe later. 2 That won't work for me. 3 Can't make it today. 4 That time doesn't work. 5 That's too much for me. 6 I have to say no. 7 Let's find another option. 8 My plate's already full. 9 I have different plans. 10 I make my own choices. B Sorry, I can't do that. B Can't take this right now.

125

'잠깐만'으로 분위기를 전환하라

대화는 일종의 흐름입니다. 하지만 늘 원하는 방향대로 흘러가는 것은 아닙니다. 가벼운 잡담이 갑자기 부담스러운 질문으로 이어지거나, 원하지 않는 주제에 휩쓸릴 때도 있죠. 이럴 때 어떻게 반응하는 것이 가장 자연스러울까요?

"그 얘긴 안 하고 싶어."라고 단호하게 선을 긋는다면 분위기가 어색해질 수 있고, 대충 맞장구치다 보면 원치 않는 논의 속으로 깊게 들어가게 될 수도 있습니다. 이럴 때 꼭 필요한 기술이 바로 "잠깐만"을 활용한 자연스러운 대화 전환법입니다.

대화 도중에 불편한 주제가 등장했을 때, 능숙한 대화 고수들은 부드럽게 화제를 바꿉니다. 예를 들어, 결혼식장에서 "너는 언제 결혼하니?"라는 질문을 받았을 때 당황하며 웃어넘기는 대신, "잠깐만, 그런데 넌 여행 어디로 갔다 왔어?(Hey, where did you travel?)"라고 자연스럽게 주제를 전환하는 것입니다. 이렇게 하면 상대방도 어색하지 않게 새로운 대화에 몰입할 수 있습니다. 마치 강물이 바위를 만나면 부드럽게 방향을 틀듯이, 대화의 흐름도 자연스럽게 조정해보면 됩니다.

특히 영어 표현 "Hold up", "Wait" 같은 말들은 원어민들도 자주 사용하는 자연스러운 대화 방식입니다. "Wait, did you watch that show?(잠깐만, 그 프로그램 봤어?)"처럼 간단한 문장으로 쉽게 적용할 수 있으며, 비즈니스 환경에서도 "Hold on, what's our goal?(잠깐만, 우리 목표가 뭐였지?)" 같은 표현을 활용하면 논쟁이 과열될 때 대화의 초점을 다시 맞출 수 있습니다.

대화에서는 상대방과 좋은 관계를 유지하면서도 스스로 편안함을 지키는 것이 중요합니다. 이러한 전환 표현을 익혀두면 불편한 순간을 피하지 않고 우아하게 주제를 바꾸고 싶을 때, 복잡한 대화 기술 없이도 누구나 쉽게 적용할 수 있습니다. 억지스럽지 않게 대화를 전환하고, 상대의 관심을 고려하여 부담스럽지 않게 대화를 이끌며, 적절한 타이밍에 무리 없이 활용하는 것이 핵심입니다. 대화는 단순한 정보 교환이 아니라 관계를 만들어가는 기술입니다. 지금부터 "잠깐만, 그런데 넌 요즘?"이라는 한마디로 대화의 흐름을 바꿔보세요.

가족 모임에서
At a Family Gathering

반복 학습 체크 포인트 ✓○○○○○

Real Talk	바로 쓸 수 있는 핵심 표현 익히기

Wait, check this out!	잠깐만, 이거 봐!
Wait, how you been?	잠깐만, 잘 지냈어?
Wait, just remembered!	잠깐만, 생각났어!
Wait, we talked already!	잠깐만, 우리 이미 얘기했잖아!
Wait, you feel that?	잠깐만, 너도 그래?

Real-Life Dialogue	상황별 실전 대화하기

TIP! 가족 모임에서 불편한 질문을 받을 때 이렇게 대화를 전환해보세요.
"잠깐만"으로 시작하는 말로 자연스럽게 주제를 바꾸면 분위기가 어색해지지 않습니다.

A	**When's your wedding?**	결혼은 언제 해?
B	**Wait, check this out!**	잠깐만, 이거 봐!
A	**What?**	뭐?
B	**New movie poster.**	새 영화 포스터.

직장 회식에서
At a Work Dinner

반복 학습 체크 포인트 ✓○○○○○

Real Talk　　바로 쓸 수 있는 핵심 표현 익히기

Wait, that project?	잠깐만, 그 프로젝트?
Wait, tried this?	잠깐만, 이거 먹어봤어?
Wait, our team update!	잠깐만, 우리 팀 얘기!
Wait, almost forgot!	잠깐만, 깜빡했네!
Wait, your department?	잠깐만, 너희 부서는?

Real-Life Dialogue　　상황별 실전 대화하기

TIP! 직장 회식에서 개인적인 질문이 나올 때 이렇게 해보세요.
연봉이나 승진 같은 민감한 주제는 상대방의 근황으로 화제를 돌리는 게 효과적입니다.

A **How much do you earn?**　　너 월급 얼마나 받아?

B **Wait, almost forgot! Tried that wine yet?**

잠깐만, 깜빡했네! 그 와인 먹어봤어?

A **Oh, not yet. Good?**　　아, 아직. 맛이 괜찮아?

129

친구들과 술자리에서

At a Night Out with Friends

반복 학습 체크 포인트 ☑○○○○○

Real Talk   **바로 쓸 수 있는 핵심 표현 익히기**

Wait, ordering this?	잠깐만, 이거 시킬까?
Wait, got a call?	잠깐만, 전화 왔어?
Wait, just remembered!	잠깐만, 생각났어!
Wait, know this song?	잠깐만, 이 노래 알아?
Wait, our plan?	잠깐만, 우리 계획은?

Real-Life Dialogue   **상황별 실전 대화하기**

TIP: 친구들과의 술자리에서 사적인 질문이 나올 때 이렇게 시도해보세요.
갑작스러운 기억을 언급하며 화제를 전환하면 자연스럽게 대화 방향을 바꿀 수 있습니다.

A	**Dating your ex?**	전 남친 다시 만나?
B	**Wait, just remembered!**	잠깐만, 생각났어!
A	**What?**	뭐?
B	**Camping spot decided?**	캠핑 장소 정했어?

소개팅에서
On a Blind Date

반복 학습 체크 포인트 ✓○○○○○

Real Talk **바로 쓸 수 있는 핵심 표현 익히기**

Wait, favorite movie?	잠깐만, 좋아하는 영화?
Wait, been here?	잠깐만, 와본 적 있어?
Wait, we talked already!	잠깐만, 우리 얘기했잖아요!
Wait, food good?	잠깐만, 음식 괜찮아?
Wait, your hobbies?	잠깐만, 취미는?

Real-Life Dialogue **상황별 실전 대화하기**

TIP! 소개팅에서 부담스러운 질문을 받았을 때 이렇게 전환해보세요.
이전 대화 내용을 언급하면 자연스럽게 원하는 주제로 대화를 이끌 수 있습니다.

A	**Your salary?**	연봉이 얼마예요?
B	**Wait, we talked already!**	잠깐만, 우리 얘기했잖아요!
A	**What?**	뭐를요?
B	**You like traveling.**	여행 좋아하신다고요.

Section 5

학교 동창회에서
At a School Reunion

반복 학습 체크 포인트 ✓○○○○○

Real Talk	바로 쓸 수 있는 핵심 표현 익히기

Wait, our teacher?	잠깐만, 우리 선생님은?
Wait, who's coming?	잠깐만, 누가 와?
Wait, keep in touch?	잠깐만, 연락해?
Wait, you feel that?	잠깐만, 너도 그래?
Wait, career change?	잠깐만, 직업 바꿨어?

Real-Life Dialogue	상황별 실전 대화하기

TIP! 동창회에서 비교나 경쟁적 대화가 나올 때 이렇게 전환해보세요.
공통의 추억이나 감정을 묻는 질문으로 바꾸면 대화가 더 편안해집니다.

A	Late promotion?	승진 늦었네?
B	Wait, you feel that?	잠깐만, 너도 그래?
A	What?	뭐가?
B	Miss school days?	학창시절이 그립지?

I don't want to discuss my relationship at family gatherings.

가족 모임에서 내 연애 얘기하기 싫어요.

→ Wait, how have you been?

잠깐만, 어떻게 지내?

I feel uncomfortable when coworkers discuss politics.

동료들이 정치 이야기를 하면 불편해요.

→ Wait, tried this?

잠깐만, 이거 먹어봤어?

My friends bring up embarrassing past stories.

친구들이 민망한 과거 이야기를 꺼내요.

→ Wait, order this?

잠깐만, 이거 시킬까?

He asked about my previous relationships.

그가 이전 연애에 대해 물었어요.

→ Wait, favorite movies?

잠깐만, 좋아하는 영화는?

Everyone compared careers at the reunion.

동창회에서 모두 경력을 비교했어요.

→ Wait, our teacher?

잠깐만, 우리 선생님은?

Real Talk 3·5

1 잠깐만, 이거 봐!

2 잠깐만, 잘 지냈어?

3 잠깐만, 이거 먹어봤어?

4 잠깐만, 깜빡했네!

5 잠깐만, 이거 시킬까?

6 잠깐만, 우리 계획은?

7 잠깐만, 와본 적 있어?

8 잠깐만, 취미는?

9 잠깐만, 누가 와?

10 잠깐만, 직업 바꿨어?

Real-Life Dialogue 3·5

A **Your salary?**

B _____

A **What?**

B **You like traveling.**

A **Late promotion?**

B _____

A **What?**

B **Miss school days?**

답 | 1 Wait, check this out! 2 Wait, how you been? 3 Wait, tried this? 4 Wait, almost forgot! 5 Wait, ordering this? 6 Wait, our plan? 7 Wait, been here? 8 Wait, your hobbies? 9 Wait, who's coming? 10 Wait, career change? B Wait, We talked already! B Wait, you feel that?

단 3초 안에 최적의 타이밍을 잡는 법

"Quick words keep conversations alive." (빠른 응답이 대화를 이어간다.)

우리는 매일 수많은 대화를 나누며 살아갑니다. 그런데 가끔 예상치 못한 질문을 받으면 머릿속이 하얘지고, 무슨 말을 해야 할지 막막해질 때가 있죠. 하지만 센스 있는 사람들은 다릅니다. 그들은 어떤 상황에서도 빠르게 핵심을 파악하고 적절한 반응을 내놓습니다. 대화의 흐름은 한순간입니다. 질문을 듣고 머뭇거리는 순간, 이미 대화는 다른 방향으로 흘러가거나 어색한 침묵이 생기고 맙니다. 똑똑한 사람일수록 말이 빠르고, 꼭 필요한 핵심만 전달하는 능력이 뛰어납니다.

특히, 예상치 못한 질문을 받았을 때 3초 안에 다섯 단어로 반응하는 법을 익히면 대화의 흐름을 자연스럽게 이어가면서 센스 있는 인상을 남길 수 있습니다. 예를 들어 누군가 "What have you been up to lately?(요즘 어떻게 지내?)"라고 물었을 때, "Um... well... you know... hmm..." 같은 머뭇거림은 대화를 어색하게 만들죠. 하지만 "Started working out, how about you?(운동 시작했어, 너는?)"처럼 간결하게 답하면 자연스럽게 대화가 이어집니다. 빠른 반응은 단순히 말을 빨리 하는 것이 아니라, 상대의 질문에서 핵심을 파악하고 효과적으로 전달하는 능력입니다.

이 다섯 단어 전략은 비즈니스 미팅, 처음 만나는 자리, 중요한 대화에서 특히 강력한 무기가 됩니다. "I'll think about it.(생각해볼게요.)"이나 "That's interesting, tell me more.(흥미롭네요, 더 말해보세요.)" 같은 짧고 임팩트 있는 표현이 대화의 흐름을 살려주죠. 짧은 문장은 기억에도 오래 남습니다.

대화에서는 타이밍이 곧 생명입니다. 너무 늦은 답변은 대화의 흐름을 깨뜨리고, 지나친 망설임은 분위기를 어색하게 만듭니다. 3초 안에 5단어로 빠르게 반응하는 연습을 하면 어떤 상황에서도 자신감 있고 센스 있는 대화를 할 수 있을 것입니다. 어떤 순간을 놓치면 기회도 사라질 수 있지만, 빠르고 간결한 반응은 대화를 주도할 수 있는 힘을 줍니다. 3초 안에 5단어로 타이밍을 잡으세요!

직장에서 상사의 돌발 질문

Handling a Sudden Question at Work

반복 학습 체크 포인트 ✔○○○○○

Real Talk	바로 쓸 수 있는 핵심 표현 익히기

I'll take care of it.	제가 처리하겠습니다.
I'll finish it today.	오늘 끝낼게요.
Already working on it.	이미 작업 중이에요.
That's a solid idea.	좋은 제안이네요.
I'll check and reply.	확인 후 답변 드릴게요.

Real-Life Dialogue	상황별 실전 대화하기

TIP! 돌발 질문에는 침착하게 대응하고, 필요하다면 시간을 요청하세요.
자신감 있는 태도가 중요하며, 상사를 향해 시선을 유지하세요.

A	Can you finish this today?	이거 오늘 끝낼 수 있어?
B	I'll finish it today.	오늘 끝낼게요.
A	It's pretty urgent.	꽤 급한 일이야.
B	I'll start right now.	지금 바로 시작할게요.

Section 2

소개팅에서 센스 있는 반응하기
Being Witty on a Date

반복 학습 체크 포인트 ✓○○○○○

Real Talk   **바로 쓸 수 있는 핵심 표현 익히기**

That's a great question!	좋은 질문이네요!
Never thought about that.	그건 생각 안 해봤어요.
What's your take?	당신은 어떻게 생각해요?
Funny coincidence!	재밌는 우연이네요!
Tell me about you.	당신 얘기를 해주세요.

Real-Life Dialogue   **상황별 실전 대화하기**

TIP! 소개팅에서는 상대방에게 관심을 보이는 것이 중요합니다.
질문을 주고받으며 대화의 흐름을 자연스럽게 유지하세요.

A	**What do you do for fun?**	취미로 뭐 하세요?
B	**What's your take?**	당신은 어떻게 생각해요?
A	**Are you asking me instead?**	대신 저한테 물어보시는 거예요?
B	**Just curious about you!**	그냥 궁금해서요!

친구들의 예상치 못한 질문

Handling Unexpected Questions from Friends

반복 학습 체크 포인트 ✓○○○○○

| Real Talk | 바로 쓸 수 있는 핵심 표현 익히기 |

That's hilarious, tell me more!   웃기다, 더 말해봐!

Let me think…   잠깐만 생각해볼게…

You caught me off guard!   갑작스럽네!

Honestly, no idea.   솔직히 잘 모르겠어.

That's a secret, wanna know?   비밀인데, 알려줄까?

| Real-Life Dialogue | 상황별 실전 대화하기 |

TIP! 친구들과의 대화는 편안하게, 하지만 센스있게 대응하세요.
유머를 적절히 활용하면 어색한 질문도 재미있게 넘길 수 있습니다.

A   Do you have a crush?   좋아하는 사람 있어?

B   That's a secret, wanna know?   비밀인데, 알려줄까?

A   Yes, tell me now!   응, 지금 말해!

B   Buy me coffee first!   커피부터 사주면!

공식 자리에서의 예상치 못한 질문
Unexpected Questions in Formal Settings

반복 학습 체크 포인트 ✓○○○○○

Real Talk   바로 쓸 수 있는 핵심 표현 익히기

Great question, thanks.	좋은 질문이네요, 감사합니다.
Let me answer briefly.	간략히 답변드릴게요.
Data shows it clearly.	데이터가 명확히 보여줘요.
Appreciate your perspective.	의견 감사합니다.
We're working on that.	현재 진행 중입니다.

Real-Life Dialogue   상황별 실전 대화하기

TIP! 공식 자리에서는 프로페셔널한 태도로 정중하게 대응하세요.
명확하고 간결한 답변이 신뢰감을 줍니다.

A	**What about the project delay?**	프로젝트 지연은 어떻게 됐나요?
B	**We're working on that.**	현재 진행 중입니다.
A	**Can you be specific?**	좀 더 구체적으로 말줄 수 있나요?
B	**Updates come tomorrow.**	내일 업데이트 드릴게요.

논쟁 상황에서 빠르게 대처하기
Quick Responses in Arguments

반복 학습 체크 포인트 ☑○○○○○

Real Talk　　**바로 쓸 수 있는 핵심 표현 익히기**

Let's stay calm here.	차분하게 얘기해요.
I get your point.	당신 의견 이해해요.
We see things differently.	우리 시각이 다르네요.
Let's find a middle ground.	타협점을 찾아봐요.
That's interesting, go on.	흥미롭네요, 계속 말해봐요.

Real-Life Dialogue　　**상황별 실전 대화하기**

TIP: 논쟁 상황에서는 감정적으로 대응하지 말고 냉정을 유지하세요.
상대방의 의견을 인정하면서도 자신의 입장을 명확히 하세요.

A	Your idea won't work!	당신 아이디어는 안 될 거예요!
B	We see things differently.	우리 시각이 다르네요.
A	Mine's based on experience.	내 의견은 경험을 바탕으로 한 거예요.
B	Let's meet in the middle.	타협점을 찾아봅시다.

I need time to think about your project schedule proposal.

프로젝트 일정 제안에 대해 생각할 시간이 필요합니다.

→ Let me think about it.

생각해볼게요.

I'd appreciate your help moving to my apartment this weekend.

이번 주말에 아파트 이사를 도와주시면 감사하겠습니다.

→ Can you help me move?

이사 좀 도와줄래?

Your idea sounds interesting but might not work in our situation.

당신의 아이디어가 흥미롭지만 우리 상황에서 작동할지 모르겠어요.

→ Sounds good, but not sure.

좋아 보이긴 하는데, 잘 모르겠어.

I couldn't prepare for the presentation due to other tasks.

다른 업무 때문에 프레젠테이션을 준비하지 못했어요.

→ Didn't have time to prep.

준비할 시간이 부족했어요.

I don't know the answer now but will find out.

지금은 답을 모르지만 알아보겠습니다.

→ Not sure, but I'll check.

잘 모르지만, 확인해볼게요.

Real Talk 3·5

1   제가 처리하겠습니다.

2   좋은 제안이네요.

3   당신은 어떻게 생각해요?

4   재밌는 우연이네요!

5   잠깐만 생각해볼게...

6   갑작스럽네!

7   좋은 질문이네요, 감사합니다.

8   간략히 답변드릴게요.

9   당신 의견 이해해요.

10 타협점을 찾아봐요.

Real-Life Dialogue 3·5

A   **Can you finish this today?**

B   _____

A   **It's pretty urgent.**

B   **I'll start right now.**

A   **Do you have a crush?**

B   _____

A   **Yes, tell me now!**

B   **Buy me coffee first!**

답 | 1 I'll take care of it. 2 That's a solid idea. 3 What's your take? 4 Funny coincidence! 5 Let me think...
6 You caught me off guard! 7 Great question, thanks. 8 Let me answer briefly. 9 I get your point. 10
Let's find a middle ground. B I'll finish it today. B That's a secret, wanna know?

143

가벼운 질문으로
대화의 시작을 열어라

"Big talks start small." (거창한 대화도 작은 시작에서 출발한다.)

우리는 살아가면서 수많은 사람들과 대화를 나누게 됩니다. 친한 친구와의 반가운 재회부터 처음 만나는 사람과의 어색한 첫인사, 직장 동료와 나누는 일상의 대화, 그리고 사랑하는 사람과의 깊은 대화까지—이 모든 순간에는 반드시 첫마디가 필요하죠.

대화의 시작은 상대방과의 관계를 발전시키고 의미 있는 대화를 이끌어가기 위한 커뮤니케이션 기술이라고 할 수 있습니다. 너무 무거운 주제나 진지한 질문으로 대화를 시작하면 상대가 부담을 느낄 수 있고, 반대로 너무 단순한 인사말은 깊은 대화로 이어지기 어렵습니다. 그렇다면 어떻게 하면 자연스럽고 편안한 분위기에서 대화를 시작할 수 있을까요? 답은 의외로 간단합니다. 부담 없는 짧은 질문 하나면 충분합니다.

대화의 시작이 어렵게 느껴진다면, "요즘 어때?(How have you been?)"처럼 가볍고 자연스러운 질문을 던져보세요. 단 5단어로 대화의 문을 여는 순간 상대방은 말할 준비를 하게 되고, 어색한 분위기는 자연스럽게 풀립니다. 짧지만 강력한 이 한마디가 상대방을 편안하게 만들고, 일상이나 고민을 자연스럽게 꺼낼 수 있도록 돕는 것이죠.

왜 이런 간단한 질문이 중요할까요? 첫째, 대화를 쉽게 시작할 수 있습니다. 둘째, 상대가 부담 없이 답할 수 있습니다. 셋째, 어색한 순간을 깨고 친밀감을 형성하는 데 효과적입니다. 대표적으로 "How's it going?(요즘 어때?)" 같은 짧은 질문은 상대가 근황을 말하며 대화를 시작하도록 돕고, "주말엔 재미있었어?(Had a good weekend?)"는 가벼운 일상 공유로 이어지며, "오늘 기분은 어때?(How's your day going?)" 같은 질문은 감정을 나누며 공감대를 형성하기에 좋죠.

여기서 중요한 것은 질문 자체보다 듣는 태도입니다. 아무리 좋은 질문을 던져도 상대의 말에 진심으로 반응하지 않으면 대화는 깊어질 수 없습니다. 상대의 대답에 맞춰 "That sounds really fun!(오, 재밌었겠다!)", "Really? That's interesting!(진짜? 그랬구나!)", "I totally get you!(완전 공감해!)" 같은 자연스러운 리액션을 더해보세요. 대화는 혼자 하는 것이 아니라, 서로 주고받으며 만들어가는 것이니까요.

이처럼 진심 어린 관심과 경청의 자세가 있다면, 단 5단어 질문만으로도 충분히 의미 있는 대화가 시작될 것입니다.

친구와 오랜만에 만났을 때

Meeting a friend after a long time

반복 학습 체크 포인트 ✓○○○○○

Real Talk	바로 쓸 수 있는 핵심 표현 익히기

Hey! Been busy lately?	야! 요즘 바빴어?
Anything new with you?	새로운 소식 있어?
How's life these days?	요즘 어떻게 지내?
What's up with you?	별일 없지?
Long time no see!	오랜만이야!

Real-Life Dialogue	상황별 실전 대화하기

TIP! 오랜만에 만난 친구에게는 부담 없이 근황을 물어보세요.
진심 어린 관심을 보이면 더 깊은 대화로 이어질 수 있습니다.

A	**Hey! Been busy lately?**	야! 요즘 바빴어?
B	**Yeah, work's been crazy!**	응, 일이 정신없었어!
A	**Tell me everything.**	다 말해봐.
B	**We just launched a project.**	방금 프로젝트 시작했어.

처음 만난 사람과 자연스럽게 대화 시작할 때

Starting a chat with someone new

반복 학습 체크 포인트 ✓○○○○○

Real Talk　　　**바로 쓸 수 있는 핵심 표현 익히기**

What brings you here?	어떻게 오셨어요?
Have we met before?	우리 만난 적 있나요?
Hey, I'm Brian. You?	안녕하세요, 저는 브라이언이에요. 당신은요?
Enjoying yourself so far?	지금까지 괜찮아요?
Hey! Anything new?	안녕하세요! 요즘 어때요?

Real-Life Dialogue　　　**상황별 실전 대화하기**

TIP: 처음 만난 사람에게는 공통 관심사를 찾을 수 있는 질문이 좋습니다.
자연스러운 미소와 눈맞춤으로 친근감을 더하세요.

A	**Enjoying yourself so far?**	지금까지 괜찮아요?
B	**Yeah, it's been great!**	네, 정말 좋아요!
A	**Same here! Loving the vibe.**	저도요! 분위기가 너무 좋네요.
B	**Totally!**	완전 공감!

동료와 회사에서 짧은 대화를 나눌 때

Having a quick chat at work

반복 학습 체크 포인트 ✓○○○○○

Real Talk	바로 쓸 수 있는 핵심 표현 익히기

Fun weekend?	주말 어땠어?
Lunch together?	점심 같이 먹을래?
How's your project?	프로젝트는 어떻게 되고 있어?
Ready for the meeting?	회의 준비됐어?
Coffee break soon?	잠시 후 커피 한잔?

Real-Life Dialogue	상황별 실전 대화하기

TIP: 직장에서는 업무와 관련된 질문으로 시작해 가볍고 사적인 대화로 이어가는 것이 좋습니다. 시간을 고려해 너무 길게 이어가지 않는 것이 포인트입니다.

A	Fun weekend?	주말 어땠어?
B	Went hiking with friends!	친구들이랑 하이킹 갔어!
A	Nice! Where at?	좋았겠다! 어디로?
B	Mount 설악, amazing views.	설악산, 경치가 끝내줬어.

Section 4

연인 또는 썸(?) 타는 상대에게

Talking with your crush or partner

반복 학습 체크 포인트 ✓○○○○○

바로 쓸 수 있는 핵심 표현 익히기

How was your day?	오늘 하루 어땠어?
Miss me?	나 보고싶었어?
What's on your mind?	무슨 생각해?
Thinking of you.	네 생각하고 있었어.
Got time to chat?	얘기할 시간 있어?

Real-Life Dialogue **상황별 실전 대화하기**

TIP! 연인이나 썸 타는 상대에게는 감정을 끌어내는 질문이 효과적입니다.
따뜻한 톤과 진심 어린 관심을 담아 물어보세요.

A	**How was your day?**	오늘 하루 어땠어?
B	**Pretty exhausting.**	엄청 힘들었어.
A	**Want to talk?**	얘기 좀 할까?
B	**I'd love that.**	당근이지.

가족과의 대화를 시작할 때
Starting a talk with family

반복 학습 체크 포인트 ✅○○○○○○

| Real Talk | **바로 쓸 수 있는 핵심 표현 익히기** |

Need any help?   도움 필요해?

How's everyone doing?   다들 잘 지내?

Got a sec?   잠깐 시간 돼?

What's for dinner?   오늘 저녁 뭐야?

Heard from Janet?   제넛 소식 들었어?

| Real-Life Dialogue | **상황별 실전 대화하기** |

TIP! 가족과의 대화는 일상적인 주제로 시작해 점차 깊은 이야기로 발전시키세요.
지지와 사랑을 담은 말투가 중요합니다.

A   **Got a sec?**   잠깐 시간 돼?

B   **Sure, what's up?**   물론, 무슨 일이야?

A   **Just checking in.**   그냥 안부 확인하려고.

B   **That's sweet. I'm good.**   고맙다. 나 잘 지내.

I haven't seen you lately. How have you been doing?

요즘 못 봤네요. 어떻게 지내고 있어요?

→ Hey! Been busy lately?

야! 요즘 바빴어?

I'm curious if you did anything interesting or fun over the weekend?

주말에 재미있거나 흥미로운 일을 했는지 궁금해요.

→ Anything fun this weekend?

주말에 재밌는 거 했어?

I'm wondering what has brought you to this place today.

오늘 이곳이나 이 행사에 어떻게 오게 되셨는지 궁금합니다.

→ What brings you here?

여긴 어떻게 오셨어요?

Could you tell me how your day has been going so far?

지금까지 오늘 하루가 어땠는지 말해줄 수 있나요?

→ How's your day so far?

오늘 하루 어땠어?

Do you have a moment to talk about something with me now?

지금 나와 뭔가에 대해 얘기할 시간이 있나요?

→ Got a minute to talk?

잠깐 얘기할 시간 있어?

Real Talk 3·5

1 야! 요즘 바빴어?

2 별일 없지?

3 어떻게 오셨어요?

4 우리 만난 적 있나요?

5 점심 같이 먹을래?

6 잠시 후 커피 한잔?

7 나 보고싶었어?

8 얘기할 시간 있어?

9 도움 필요해?

10 잠깐 시간 돼?

Real-Life Dialogue 3·5

A _____

B Went hiking with friends!

A Nice! Where at?

B Mount 설악, amazing views.

A _____

B Pretty exhausting.

A Want to talk?

B I'd love that.

답 | 1 Hey! Been busy lately? 2 What's up with you? 3 What brings you here? 4 Have we met before? 5 Lunch together? 6 Coffee break soon? 7 Miss me? 8 Got time to chat? 9 Need any help? 10 Got a sec? A Fun weekend? A How was your day?

152

경청의 기술은 반복에 있다

"Mirror their words, forge deeper connections." (상대방의 말을 따라 하면, 더 깊은 연결이 만들어진다.)

대화를 나눌 때 상대방이 정말 내 말을 듣고 있는지 궁금했던 적이 있으신가요? 단순히 고개를 끄덕이거나 "네."라고 반응하는 것만으로는 충분하지 않을 때가 많습니다. 진정으로 경청하는 느낌을 주고 싶을 때는 상대방의 말을 반복하는 것이 효과적인 방법 중 하나입니다. 특히 5단어 반복법을 활용하면 상대방에게 "내 말을 이해하고 공감해주는구나."라는 신뢰감을 줄 수 있습니다. 이때 단순히 따라하는 것이 아니라, 자연스럽게 대화를 이어가면서 공감을 표현하는 것이 중요합니다. 상대방이 감정을 담아 이야기할 때 이 기법을 활용하면 더욱 유대감이 깊어질 수 있습니다.

5단어 반복법이란 말 그대로 상대방이 한 말을 짧게 요약하여 반복하는 것입니다. 예를 들어, 상대방이 "I've been really stressed out lately.(요즘 너무 스트레스를 받아요.)"라고 말했을 때, 단순히 "I see. That sounds tough.(그렇군요. 힘드시겠어요.)"라고 답하면 상대방은 자신의 감정이 진심으로 전달되지 않았다고 느낄 수 있습니다. 반면 "You're feeling stressed?(스트레스를 받고 계시군요?)"라고 답하면 상대방은 더 깊이 공감받는 느낌을 받을 수 있지요. 상대의 말을 반복해주는 것은 그 말을 주의 깊게 듣고 있다는 것을 전달하는 효과적인 방법입니다.

특히 이 방법을 제대로 활용하기 위해서는 세 가지 원칙을 기억해야 합니다. 첫째, 핵심 단어를 그대로 사용하여 반복합니다. 둘째, 기계적인 반복이 아니라 감정을 담아서 반응합니다. 셋째, 상대의 말을 반복한 후에는 질문을 덧붙여 대화를 확장해줍니다. 예를 들어, 상대가 "I'm thinking of changing jobs.(직업을 바꾸려고 해요.)"라고 말했을 때, "You're thinking about changing jobs? What's making you consider that?(직업을 바꾸려고 하시는군요? 혹시 특별한 계기가 있으셨나요?)"라고 질문을 더하면 대화가 더욱 자연스럽게 이어질 수 있습니다.

단순한 반응이나 형식적인 맞장구가 아니라, 상대의 감정을 되돌려주고 이를 자연스럽게 이어가면 대화의 질은 자연스럽게 높아지게 됩니다. 상대의 감정에 공감하고 더 깊은 관계를 형성하는 5단어 대화법을 적극 활용해보세요. 상대방과의 관계가 더욱 단단해지는 것을 경험할 수 있을 것입니다.

일상 대화에서 활용하기
Using in daily conversations

반복 학습 체크 포인트 ✓○○○○○○

Real Talk 바로 쓸 수 있는 핵심 표현 익히기

I get what you mean.	무슨 말인지 알겠어.
That sounds serious.	그거 꽤 중요하네.
You seem really frustrated.	너 많이 답답하겠다.
That happened today?	오늘 그런 일이 있었어?
I see your point.	네 말 이해돼.

Real-Life Dialogue 상황별 실전 대화하기

TIP! 일상 대화에서는 상대방의 말을 반복함으로써 더 깊은 대화를 이어갈 수 있습니다.
자연스럽게 상대방의 핵심 단어를 활용하면 상대가 더 편안하게 대화를 이어갑니다.

A **Ugh... nothing's going right today.**
하... 오늘 되는 일이 하나도 없어.

B **You seem really frustrated.** 진짜 많이 답답해 보인다.

A **Yeah, I just need a break.** 응, 그냥 쉬고 싶어.

B **Let's go clear your head.** 머리 좀 식히자.

Section 2

감정이 담긴 대화에서 활용하기
Using in emotional talks

반복 학습 체크 포인트 ✓○○○○○

| Real Talk | **바로 쓸 수 있는 핵심 표현 익히기** |

That sounds rough. 진짜 속상하겠다.

You seem really upset. 너 엄청 속상해 보인다.

You must be pumped! 완전 신나겠네!

That must've hurt. 그거 상처 됐겠다.

Proud of yourself, huh? 스스로 뿌듯하겠네?

| Real-Life Dialogue | **상황별 실전 대화하기** |

TIP: 감정이 담긴 대화에서는 상대방의 감정을 그대로 인정하고 반영해주는 것이 중요합니다. 상대의 감정을 존중하는 태도는 더 깊은 유대감으로 이어집니다.

A **I can't believe I didn't get the job.**
내가 그 직업을 못 얻었다니 믿기지 않아.

B **That sounds rough.** 진짜 속상하겠다.

A **Yeah, I worked so hard for it.** 맞아. 엄청 열심히 준비했거든.

B **You really gave it your all.** 정말 최선을 다했구나.

Section

3

직장에서 활용하기

Using at work

(반복 학습 체크 포인트 ⏱ ○○○○○○)

Real Talk 바로 쓸 수 있는 핵심 표현 익히기

I understand your concern.   네 걱정 이해돼.

That deadline's tight.   마감 진짜 빡세네.

You need more help?   더 지원 필요해?

Interesting take on this.   그거 멋진 생각이네.

That's a cool idea.   그 아이디어 가능성 있어.

Real-Life Dialogue 상황별 실전 대화하기

TIP! 직장에서는 상대방의 의견을 존중하면서도 명확하게 이해했음을 표현하는 것이 중요합니다. 적절한 반복은 업무 관계에서 신뢰를 형성하는 데 도움이 됩니다.

A **We need a new plan.**   우린 새 계획이 필요해.

B **I understand your concern.**   네 걱정 이해돼.

A **This isn't working.**   이건 효과가 없어.

B **Let's try something else.**   그럼, 다른 걸 해보자.

친구와의 대화에서 활용하기
Using with friends

반복 학습 체크 포인트 ✓○○○○○

| Real Talk | 바로 쓸 수 있는 핵심 표현 익히기 |

You really miss her.	너 진짜 그녀가 보고싶구나.
That's huge, man!	와, 대박이네!
You feeling stuck?	답답한 거야?
That means a lot.	그거 정말 의미 있지.
Been on your mind?	계속 생각하고 있었어?

| Real-Life Dialogue | 상황별 실전 대화하기 |

TIP! 친구와의 대화에서는 더 편안하고 자연스러운 반복이 효과적입니다.
진심 어린 공감은 우정을 더욱 깊게 만듭니다.

A	I'm thinking of quitting.	나 일 그만둘까 해.
B	That means a lot.	그거 정말 의미 있지.
A	Yeah... I need change.	그래... 변화가 필요해.
B	What's your next move?	다음 계획은 뭐야?

가족과의 대화에서 활용하기
Using with family

반복 학습 체크 포인트 ⏱○○○○○

Real Talk **바로 쓸 수 있는 핵심 표현 익히기**

Family's big for you.	너한테 가족이 크지.
Need more support?	더 도와줄까?
That tradition's everything.	그 전통 정말 소중하네.
Feel unappreciated sometimes?	가끔 인정 못 받는 느낌이야?
Home should feel safe.	집은 편안해야지.

Real-Life Dialogue **상황별 실전 대화하기**

TIP! 가족과의 대화에서는 서로의 감정을 존중하고 인정하는 것이 중요합니다.
세대 간 차이가 있더라도 서로의 말에 귀기울이는 자세가 필요합니다.

A	I miss family dinners.	가족 저녁 식사 그리워.
B	Family's big for you.	너한텐 가족이 크지.
A	We never eat together.	이젠 같이 먹는 일도 없어.
B	Let's fix that.	그 문제를 해결해보자.

**I understand your concern
regarding the project schedule.**

프로젝트 일정에 관한 당신의 우려를 이해합니다.

→ I get the schedule issue.

일정 문제 이해합니다.

**When you mention the proposal needs work,
which specific areas do you mean?**

제안서에 보완이 필요하다고 하셨는데, 어떤 특정 영역을 말씀하시는 건가요?

→ What needs improvement exactly?

어떤 부분에 보완이 필요하죠?

**I understand that you're feeling overwhelmed
with all these responsibilities.**

이 모든 책임들로 부담을 느끼고 계신다는 것을 이해합니다.

→ Sounds like a lot.

많이 부담스럽겠네요.

**From what you shared, communication seems like
your team's main issue.**

말씀해주신 내용으로 볼 때, 소통이 팀의 주요 문제인 것 같습니다.

→ So, communication is key?

결국 소통이 핵심이군요?

**If I understand right, you want a different approach
to this problem.**

제가 올바르게 이해했다면, 이 문제에 다른 접근법을 원하시는 거군요.

→ You want a new approach?

새로운 접근법을 원해요?

Real Talk 3·5

1 너 많이 답답하겠다.

2 네 말 이해돼.

3 진짜 속상하겠다.

4 완전 신나겠네!

5 더 지원 필요해?

6 그 아이디어 가능성 있어.

7 와, 대박이네!

8 계속 생각하고 있었어?

9 너한텐 가족이 크지.

10 그 전통 정말 소중하네.

Real-Life Dialogue 3·5

A Ugh... nothing's going right today.

B _____

A Yeah, I just need a break.

B Let's go clear your head.

A We need a new plan.

B _____

A This isn't working.

B Let's try something else.

concern.

9 Family's big for you. 10 That tradition's everything. B You seem really frustrated. B I understand your

5 You need more help? 6 That idea's got potential. 7 That's huge, man! 8 Been on your mind?

답 | 1 You seem really frustrated. 2 I see your point. 3 That sounds rough. 4 You must be pumped!   **161**

대화의 필승 전략!
공통점을 발견하라

누군가와 처음 대화를 나누면 왠지 모르게 어색하고 거리감이 느껴질 때가 있습니다. 하지만 공통점을 발견하는 순간, 그 어색함은 사라지고 대화가 자연스럽게 이어지죠. 사람과 사람 사이의 관계를 형성하는 가장 간단하면서도 효과적인 방법은 바로 '연결점'을 찾는 것입니다.

심리학자 로버트 치알디니Robert Cialdini가 제시한 '유사성의 원칙 Principle of Similarity'에 따르면, 사람은 자신과 비슷한 사람에게 자연스럽게 끌리며, 그들의 의견이나 제안을 더욱 쉽게 받아들인다고 합니다. 이 원리가 바로 공통점을 찾는 대화가 강력한 커뮤니케이션 도구가 되는 이유입니다.

관심사, 경험, 취향, 심지어 사소한 생활 습관까지도 대화의 훌륭한 시작점이 될 수 있습니다. 이때 복잡하고 긴 내용을 늘어놓을 필요는 없습니다. 핵심을 전달하는 3초 5단어의 짧고 간결한 표현으로도 친밀감을 형성하기는 충분합니다.

그렇다면 어떻게 공통점을 탐색하며 대화를 풀어갈 수 있을까요?

핵심은 상대방이 관심 있는 것, 좋아하는 것, 경험한 것을 빠르게 캐치하는 것입니다. 그리고 자신과의 연결점을 5단어로 간결하게 표현하면 됩니다. 예를 들어 "Oh, you like hiking too?(오, 너도 등산 좋아해?)" 같은 짧은 문장이 때로는 장황한 대화보다 더 강한 유대감을 만들어냅니다. "You love coffee? Me too!(커피 좋아해? 나도!)"라는 간단한 말 한마디가 대화의 물꼬를 트고, 관계를 부드럽게 이어가는 열쇠가 되기도 하죠. "That movie was so good!(그 영화 진짜 좋았어!)" 같은 말도 상대방의 취향에 대한 공감을 표현하는 데 있어 강력한 도구가 될 수 있습니다.

경험을 공유할 때도 너무 많은 설명을 덧붙이기보다는 5단어로 압축하여 전달하는 것이 더 효과적입니다. "I studied abroad as well.(나도 해외에서 공부했어.)" 같은 짧은 문장은 공통된 경험을 기반으로 즉각적인 유대감을 형성합니다. 중요한 것은 경험의 크기가 아니라, 그 경험이 주는 감정을 공유하는 것입니다. 진심 어린 공감은 반드시 길게 표현하지 않아도 됩니다. 때로는 "I totally get your point.(네 말 완전 공감해.)"라는 다섯 단어가 장황한 설명보다 훨씬 더 깊이 있는 소통을 만들어냅니다.

공통점을 발견하는 것은 단순한 스몰토크Small Talk 이상의 강력한 힘을 가집니다. 짧지만 의미 있는 다섯 단어로 연결고리를 만들면, 상대방과의 거리는 훨씬 가까워질 것입니다. 꼭 대단한 관심사나 경험이 아니더라도, 일상 속의 소소한 공통점을 발견하고 "We have so much in common!(우리 정말 비슷한 점 많아!)"라고 말하면 충분합니다. 그 순간, 상대방과의 벽이 허물어지고, 대화는 한층 부드럽고 자연스럽게 흘러갈 테니까요.

Section 1

공통된 취미나 관심사를 연결할 때
Talking about shared hobbies or interests

반복 학습 체크 포인트 ✓○○○○○

Real Talk   바로 쓸 수 있는 핵심 표현 익히기

You're a coffee fan? Same here!	커피 좋아해? 나도!
I'm into that too!	나도 그거 좋아해!
We both love that stuff.	우리 둘 다 그거 좋아하네.
That's one of my hobbies too!	그것도 내 취미야!
Let's do it together!	그거 같이 해보자!

Real-Life Dialogue   상황별 실전 대화하기

TIP! 취미나 관심사의 공통점은 즉각적인 연결감을 형성합니다.
진정성 있는 반응으로 대화를 이어가보세요.

A	You're a coffee fan? Same here!	커피 좋아해? 나도!
B	Let's grab one together!	같이 한잔하자!
A	Sounds great! I need one.	좋지! 나 딱 필요했어.
B	Me too! Let's go!	나도! 가자!

164

같은 경험을 공유할 때

Sharing a similar experience

반복 학습 체크 포인트 ✓○○○○○○

Real Talk | **바로 쓸 수 있는 핵심 표현 익히기**

I studied abroad too.	나도 해외에서 공부했어.
We went through the same thing.	우리 같은 경험했네.
I've been there myself!	나도 거기 가봤어!
That's happened to me before.	나도 그런 일 겪어봤어.
We both know what that's like.	우리 둘 다 그 느낌 알지.

Real-Life Dialogue | **상황별 실전 대화하기**

TIP! 동일한 경험의 공유는 깊은 공감대를 형성합니다.
간결하게 경험을 공유하면 대화가 자연스럽게 흐릅니다.

A	I lived in Paris before.	전에 파리에 살았어요.
B	I've been there myself!	나도 거기 가봤어!
A	Which area did you visit?	어느 지역을 방문했어요?
B	Near the Eiffel Tower district.	에펠탑 근처 지역이요.

감정을 나눌 때
Sharing feelings

반복 학습 체크 포인트 ✓○○○○○

Real Talk   바로 쓸 수 있는 핵심 표현 익히기

I totally get your point.   네 말 완전 공감해.

I feel exactly the same.   나도 정확히 같은 기분이야.

Same here, I totally get it.   나도 그래, 완전 이해돼.

We share the same feeling.   우리 같은 감정을 공유하고 있어요.

I understand that feeling completely.   그 감정 완전히 이해해요.

Real-Life Dialogue   상황별 실전 대화하기

TIP! 감정의 공유는 깊은 유대감을 만듭니다.
짧은 공감 표현으로도 마음의 거리를 좁힐 수 있습니다.

A   That movie was really touching.   그 영화 정말 감동적이었어요.

B   I totally get your point.   네 말 완전 공감해.

A   The ending made me cry.   엔딩에서 울었어요.

B   It was emotional indeed.   정말 감동적이었죠.

같은 목표나 꿈을 가졌을 때

Talking about shared goals or dreams

반복 학습 체크 포인트 ✓○○○○○

Real Talk   **바로 쓸 수 있는 핵심 표현 익히기**

We're after the same goals.	우리 목표가 비슷하네.
I'm working on that too.	나도 그거 열심히 하고 있어.
That's my dream too.	내 꿈도 그건데.
We're heading in the same direction.	우리 같은 길 가고 있네.
I feel you on that.	나도 완전 공감해.

Real-Life Dialogue   **상황별 실전 대화하기**

TIP! 같은 목표를 향해 나아가는 사람들은 더 강한 유대감을 형성합니다.
서로의 꿈을 지지하며 대화를 이어가세요.

A	**I want to start a business.**	난 사업을 시작하고 싶어요.
B	**That's my dream too.**	내 꿈도 그건데.
A	**What kind of business?**	어떤 종류의 사업인가요?
B	**Something in the tech field.**	기술 쪽 분야요.

같은 가치관을 공유할 때
Talking about shared values

반복 학습 체크 포인트 ✅○○○○○

| **Real Talk** | **바로 쓸 수 있는 핵심 표현 익히기** |

I really appreciate that too.   나도 그걸 정말 감사하게 생각해요.

We're totally on the same page.   우리 생각이 완전 비슷하네.

I'm all for that too.   나도 그거 완전 동의해.

We share the same values.   우리 가치관이 같아.

I'm with you on that.   나도 그거 지지해.

| **Real-Life Dialogue** | **상황별 실전 대화하기** |

TIP! 가치관의 공유는 깊은 신뢰를 형성합니다.
진정성 있는 표현으로 상대방과 연결되세요.

A I'm all for that!   나도 그거 완전 동의해!

B Glad we agree!   의견이 같아서 좋네!

A We share the same values.   우리 가치관이 같아.

B That's what I thought!   나도 그렇게 생각했어!

We both graduated from the same university last year.

우리는 둘 다 작년에 같은 대학교를 졸업했어요.

→ We went to the same school.

우리 같은 학교 나왔어요.

**I understand completely
how you feel about that situation.**

그 상황에 대한 당신의 감정을 완전히 이해해요.

→ I totally get you.

나도 완전 이해해요.

**I also enjoy watching documentaries about
nature and wildlife.**

저도 자연과 야생동물에 관한 다큐멘터리 보는 것을 즐겨요.

→ I love nature docs too!

나도 자연 다큐 좋아해!

Just like you, I grew up in a small town.

당신처럼 저도 작은 마을에서 자랐어요.

→ I'm from a small town too.

나도 시골 출신이야.

**We're both passionate about environmental protection
and sustainability.**

우리는 둘 다 환경 보호와 지속 가능성에 열정적이에요.

→ We both care about nature.

우리 둘 다 자연을 소중히 여기네요.

Real Talk 3·5

1 나도 그거 좋아해!

2 그거 같이 해보자!

3 우리 같은 경험했네.

4 우리 둘 다 그 느낌 알지.

5 나도 그래, 완전 이해돼.

6 우리 목표가 비슷하네.

7 내 꿈도 그건데.

8 나도 완전 공감해.

9 우리 생각이 완전 비슷하네.

10 우리 가치관이 같아.

Real-Life Dialogue 3·5

A I lived in Paris before.

B _____

A Which area did you visit?

B Near the Eiffel Tower district.

A That movie was really touching.

B _____

A The ending made me cry.

B It was emotional indeed.

답 | 1 I'm into that too! 2 Let's do it together! 3 We went through the same thing. 4 We both know what that's like. 5 Same here, I totally get it. 6 We're after the same goals. 7 That's my dream too. 8 I feel you on that. 9 We're totally on the same page. 10 We share the same values.   B | I've been there myself!   B | I totally get your point.

대화 주제를 미리 준비하라

성공한 기업가이자 뛰어난 커뮤니케이터로 알려진 리처드 브랜슨Richard Branson은 "Luck is what happens when preparation meets opportunity.(운은 준비가 기회와 만났을 때 생긴다.)", "Chance favours the prepared mind.(기회는 준비된 마음을 돕는다.)"라고 말하며 준비의 중요성을 강조했습니다. 그는 즉흥적인 것처럼 보이는 순간조차 철저한 준비가 기반이 되어야 한다고 믿었죠.

일상 속에서 우리는 매일 수많은 사람들과 자연스럽게 안부를 나눕니다. "Nice to meet you, how are you?(반가워요, 잘 지내세요?)", "What's up? How's it going?(잘 지냈어? 어떻게 지내?)", "How's work? Busy these days?(일은 어때요? 요즘 바쁘세요?)" 등 익숙한 대화의 레퍼토리가 있을 겁니다. 하지만 그러다가도 가끔은 머릿속이 하얘지는 순간이 찾아옵니다. 상대가 말을 걸었지만 갑자기 "What should I say?(뭐라고 대답하지?)"라는 생각이 스치고, 순간적으로 어색한 침묵이 흐르게 되죠.

이럴 때 필요한 것이 바로 '준비된 다섯 단어(Ready-made five words)'

입니다. 흔히 말 잘하는 사람을 'Natural born talker(타고난 수다쟁이)'라고 생각하지만, 사실 대화에 능숙한 사람들조차 대화의 시작 문구를 미리 준비하는 경우가 많습니다. 자연스러워 보이는 대화도 어느 정도 연습과 준비가 뒷받침된 결과라는 뜻입니다.

그렇다면 무엇을 준비해야 할까요?

먼저, "Hot topics(트렌디한 주제)"를 고려해보세요. 최신 뉴스, 인기 드라마, 유행하는 패션 스타일, 혹은 새로운 기술 트렌드까지, 사람들이 관심을 가질 만한 이야기거리를 미리 알아두면 좋습니다.

다음으로, "Daily life stories(일상적인 이야기)"도 중요합니다. 대화의 기본은 공감이고, 가벼운 에피소드만큼 공감을 끌어내기 좋은 주제도 없습니다. 여행 중 겪은 해프닝이나 최근 방문한 맛집 이야기도 좋은 대화 소재가 될 수 있죠.

또한, "Conversation material(대화 소재)"을 다양하게 준비하는 것도 좋습니다. 상대방의 관심사에 맞춰 스포츠, 여행, 취미, 책, 음악, 음식 등 여러 주제를 갖춰두면 더 매끄러운 대화가 가능합니다.

결국 매력적인 대화의 비결은 "Prepared spontaneity(준비된 즉흥성)"입니다. 즉, 미리 다양한 주제를 생각해두되 지나치게 연습한 듯한 느낌 없이 자연스럽게 풀어가는 것이 핵심입니다. 상대의 관심을 끌 수 있는 주제를 미리 준비하고, 짧지만 강렬한 인상을 남길 수 있는 "Five words, big impact(5단어로 강렬한 인상 남기기)" 전략을 활용한다면 어떤 대화 상황에서도 "Turn awkward to awesome(어색한 순간을 멋진 순간으로 바꾸기)"가 가능합니다. 즉흥성과 준비, 이 두 가지를 적절히 조화시키는 것—그것이 바로 대화의 기술입니다.

친구와 자연스럽게 대화하기
Talking Naturally with Friends

반복 학습 체크 포인트 ✓○○○○○

Real Talk　　바로 쓸 수 있는 핵심 표현 익히기

Let's talk movies.	우리 영화 얘기를 좀 하자.
You look great today!	오늘 멋져 보여!
Been to this cafe?	이 카페 가본 적 있어?
What's up? What brings you here?	어떻게 왔어?
What do you do for fun?	취미는 뭐야?

Real-Life Dialogue　　상황별 실전 대화하기

TIP! 친구와 대화할 때는 공통 관심사를 찾는 것이 중요합니다.
자연스럽게 상대방의 이야기를 끌어낼 수 있는 질문으로 시작하세요.

A	Nice to meet you here.	여기서 만나서 반가워.
B	Let's talk movies.	우리 영화 얘기를 좀 하자.
A	Oh, do you like movies?	아, 영화 좋아해?
B	Yeah, I watch them all the time.	응, 자주 봐.

트렌디한 소재로 대화 시작하기

Starting Conversations with Trendy Topics

반복 학습 체크 포인트 ✓ ○ ○ ○ ○ ○

Real Talk | **바로 쓸 수 있는 핵심 표현 익히기**

This app is a game-changer!	이 앱 완전 혁신적이야!
Have you checked this place out?	여기 가봤어?
I'm into this these days.	요즘 여기에 푹 빠졌어.
You gotta see this trend.	넌 이 트렌드를 읽어야 해.
Everyone loves this now.	요즘 다들 여기 빠졌어.

Real-Life Dialogue | **상황별 실전 대화하기**

TIP! 최신 트렌드나 유행하는 것들은 대화를 시작하기 좋은 소재입니다.
상대방의 연령대나 관심사에 맞는 주제를 고르는 것이 중요해요.

A	What do you usually do?	평소에 뭐해?
B	I'm into this these days.	요즘 여기에 푹 빠졌어.
A	Oh yeah? Tell me more!	오 진짜? 더 알려줘!
B	I'm learning pottery online.	온라인으로 도예 배우는 중이야.

Section 3

친구와 빠르게 수다 떨기
Chatting Casually with Friends

반복 학습 체크 포인트 ☑○○○○○

Real Talk   ## 바로 쓸 수 있는 핵심 표현 익히기

Guess what?!	야, 있잖아!
I've got some big news!	완전 대박 소식 있어!
Remember what we talked about?	저번에 얘기했던 거 기억나?
This is insane!	이거 완전 미쳤어!
Just wait till you hear this!	이거 들으면 깜짝 놀랄걸!

Real-Life Dialogue   ## 상황별 실전 대화하기

TIP! 친구와의 대화는 더 자유롭고 활기차게 진행하세요.
재미있는 소식이나 경험을 공유하며 대화를 이어가보세요.

A	How was your weekend?	주말 어땠어?
B	Guess what?!	야, 있잖아!
A	What happened?!	무슨 일 있었어?
B	I met my favorite celeb!	내가 좋아하는 연예인 만났어!

175

회사에서 대화 주제 준비하기
Preparing Conversation Topics at Work

반복 학습 체크 포인트 ✓○○○○○

Real Talk　　바로 쓸 수 있는 핵심 표현 익히기

Check this out!	이거 좀 봐!
Did you see this?	이 뉴스 봤어?
This trend is blowing up!	이거 요즘 난리야!
You gotta see this.	이거 보여줄게.
Did you hear about this?	이거 들었어?

Real-Life Dialogue　　상황별 실전 대화하기

TIP! 회사에서는 업무 관련 소식이나 트렌드를 미리 준비해두세요.
너무 가벼운 주제는 피하고, 전문성 있는 대화를 이끌어보세요.

A	**How's everything going?**	요즘 어때요?
B	**Check this out!**	이거 좀 봐요!
A	**What is it?**	뭐예요?
B	**A new AI tool for work.**	업무용으로 새로운 AI가 나왔어요.

Section 5

핫토픽으로 대화 이어가기

Keeping the Conversation Going with Hot Topics

반복 학습 체크 포인트 ✓○○○○○

바로 쓸 수 있는 핵심 표현 익히기

Have you seen this?	이거 봤어?
This is all anyone talks about.	요즘 다들 이 얘기만 해.
This is going viral now.	이거 요즘 완전 핫해.
It's everywhere online.	SNS에서 난리 났어.
This is the new big thing.	이게 요즘 대세야.

상황별 실전 대화하기

TIP! 화제가 되는 트렌드나 이슈를 언급하면 대화가 자연스럽게 이어집니다. 상대방도 관심을 가질 만한 주제를 고르는 것이 중요합니다.

A	Did you see that dance challenge?	그 댄스 챌린지 봤어?
B	It's everywhere online.	SNS에서 난리 났더라.
A	I see it all the time.	맨날 보이는 거 같아.
B	We should try it too.	우리도 해봐야겠다.

I want to check out the new Italian place.

새로 생긴 이탈리안 레스토랑에 가보고 싶어요.

→ Let's try this new spot!

새로운 곳 가보자!

I had an interesting experience on my recent trip.

최근 여행에서 재미있는 일이 있었어요.

→ My trip was so fun!

여행 완전 재미있었어!

**I heard they're renovating the park near our office
with new facilities.**

회사 근처 공원에 새로운 시설이 생긴대요.

→ The park's getting a makeover!

공원이 새 단장한대!

**The new drama series everyone's talking about
is really worth watching.**

모두가 얘기하는 새 드라마 시리즈 정말 볼 만해요.

→ You gotta watch this drama!

이 드라마 꼭 봐야 해!

**I discovered a great coffee shop
with an amazing atmosphere yesterday.**

어제 분위기 좋은 카페를 발견했어요.

→ Found the best coffee spot!

최고의 카페 찾았어!

Real Talk 3·5

1 우리 영화 얘기를 좀 하자.

2 오늘 멋져 보여!

3 이 앱 완전 혁신적이야!

4 요즘 다들 여기 빠졌어.

5 야, 있잖아!

6 완전 대박 소식 있어!

7 이 뉴스 봤어?

8 이거 요즘 난리야!

9 이거 요즘 완전 핫해.

10 이게 요즘 대세야.

Real-Life Dialogue 3·5

A **What do you usually do?**

B _____

A **Oh yeah? Tell me more!**

B **I'm learning pottery online.**

A **How's everything going?**

B _____

A **What is it?**

B **A new AI tool for work.**

3초 만에 친밀감을 높이는 감정 표현법

"Words travel thousands of miles." (말은 수천 리를 간다.)

말이 가진 힘은 단순히 많은 대화를 나누는 데 있지 않습니다. 오히려 짧지만 진심이 담긴 한마디가 길고 장황한 설명보다 훨씬 더 깊은 울림을 줄 수 있습니다. 특히 감정을 전달할 때는 간결할수록 더 강한 공감을 불러일으키기 마련입니다.

인간관계를 연구한 많은 심리학자들은 감정을 효과적으로 표현하는 것이 관계의 질을 결정짓는 중요한 요소라고 강조합니다. 단순한 말 한마디가 사람들의 기분을 바꾸고, 관계의 방향을 완전히 다르게 만들 수 있기 때문입니다. 프린스턴 대학의 심리학자 수잔 피스크Susan Fiske는 "인간관계에서 가장 중요한 것은 따뜻함warmth과 유능함competence입니다."라고 말하며, 특히 따뜻함은 단 5단어의 진심 어린 표현만으로도 충분히 전달될 수 있다고 설명합니다. 길고 복잡한 말보다, "I'm here for you.(제가 여기 있을게요.)"처럼 짧지만 감정이 담긴 한마디에 더욱 마음이 움직인다는 것입니다.

또 감정 표현은 단순히 인간관계에서만 중요한 것이 아닙니다. 직장 내 커뮤니케이션에서도 짧고 강력한 감정 표현은 팀워크와 생산성을 높이는 데 결정적인 역할을 합니다. 예를 들어, 상사가 직원에게 "I appreciate your hard work.(당신의 노고에 감사드립니다.)"라는 한마디를 건네는 것만으로도 직원은 커다란 동기 부여를 받을 수 있습니다. 연구에 따르면 감사 표현을 자주 들은 직원들은 그렇지 않은 직원들보다 업무 만족도가 높았고, 조직에 대한 소속감이 강하게 형성되었다고 합니다.

이처럼 감정을 전달하는 데 있어 중요한 것은 말의 양이 아니라 그 속에 담긴 진정성입니다. 단 5단어로 이루어진 진심 어린 표현은 상대의 마음을 열고 관계를 더욱 깊게 만드는 강력한 힘이 있습니다. "You'll get through this well.(잘 이겨내실 거예요.)"라는 짧은 응원의 말 한마디가 긴 위로보다 더 큰 힘이 될 수 있듯이, 때로는 적은 말이 더 깊은 공감과 위로를 전해줍니다.

단순한 5단어 문장이 누군가의 하루를 밝게 만들고, 삶에 따뜻함을 더해줄 수 있다는 사실을 기억한다면 우리는 더욱 의미 있는 소통을 해나갈 수 있지 않을까요? "Your words shape connections.(당신의 말이 관계를 만든다.)"라는 사실을 잊지 말고, 오늘도 누군가에게 의식적으로 따뜻한 한마디를 건네보세요.

위로와 공감의 표현

Words of Comfort and Empathy

반복 학습 체크 포인트 ✓○○○○○

| Real Talk | 바로 쓸 수 있는 핵심 표현 익히기 |

I know that feeling too.	나도 그 기분 알아.
You're not in this alone.	넌 혼자가 아니야.
It'll all work out.	다 잘 될 거야.
We'll get through this.	우리 함께 이겨내자.
I got you.	내가 있잖아.

| Real-Life Dialogue | 상황별 실전 대화하기 |

TIP! 공감의 표현은 상대방의 마음을 이해하고 있다는 것을 보여줍니다.
진심을 담아 말하면 더 큰 위로가 됩니다.

A	Ugh, I bombed my test again.	시험에 또 떨어졌어.
B	I know that feeling too.	나도 그 기분 알아.
A	You've been there?	너도 겪어봤어?
B	We all have those days.	우리 모두 그런 날이 있지.

기쁨과 축하의 표현
Words of Joy and Celebration

반복 학습 체크 포인트 ✓○○○○○

| Real Talk | 바로 쓸 수 있는 핵심 표현 익히기 |

You earned it!	네가 해낸 거야!
Proud of you!	네가 자랑스러워!
Hard work paid off!	노력이 결실을 맺었네!
Just getting started!	이제 시작일 뿐이야!
You're killin' it!	완전 잘하고 있어!

| Real-Life Dialogue | 상황별 실전 대화하기 |

TIP! 축하의 말은 상대의 성취를 인정하고 기쁨을 함께 나누는 순간입니다.
진정성 있는 축하는 관계를 더욱 돈독하게 만듭니다.

A   **Guess what? I got into grad school!**   있잖아, 나 대학원 붙었어!

B   **No way! You earned it!**   대박! 네가 해낸 거야!

A   **Thanks, man. Means a lot.**   고마워, 진짜 의미 있어.

B   **Of course! Let's celebrate!**   당연하지! 축하해야지!

감사와 애정의 표현
Words of Gratitude and Affection

반복 학습 체크 포인트 ✓○○○○○

Real Talk **바로 쓸 수 있는 핵심 표현 익히기**

You're the best today.	오늘 넌 최고야.
Appreciate you always.	늘 고마워.
You always got my back.	넌 항상 날 도와주잖아.
Love our time together.	너랑 함께하는 시간이 너무 좋아.
You make everything better.	네가 있으면 모든 게 좋아져.

Real-Life Dialogue **상황별 실전 대화하기**

TIP! 감사의 마음을 표현하는 것은 관계를 더욱 특별하게 만듭니다.
진심을 담은 감사는 서로의 신뢰를 더욱 깊게 합니다.

A **Seriously, thanks for today.** 진짜, 오늘 도와줘서 고마워.

B **Hey, you're the best today.** 야, 오늘 네 덕분이야.

A **Really? I didn't do much.** 진짜? 나 별거 안 했는데.

B **Nah, you helped more than you think.**

아냐, 생각보다 엄청 도움 됐어.

응원과 격려의 표현

Words of Support and Encouragement

반복 학습 체크 포인트 ✓○○○○○

Real Talk | **바로 쓸 수 있는 핵심 표현 익히기**

You got this.	넌 할 수 있어!
Keep going, almost there!	거의 다 왔어, 힘내!
Your time will come soon.	너의 때가 곧 올 거야.
I know you got it.	넌 충분히 해낼 수 있어.
Don't quit, stay strong!	포기하지 마, 강하게 버텨!

Real-Life Dialogue | **상황별 실전 대화하기**

TIP! 격려의 말 한마디는 상대방에게 큰 힘이 됩니다.
따뜻한 응원은 어려움을 이겨내는 원동력이 됩니다.

A	**I'm so nervous about tomorrow.**	내일 너무 긴장돼.
B	**You got this. No doubt.**	넌 할 수 있어. 걱정 마.
A	**What if I mess up?**	망치면 어쩌지?
B	**Then you learn and go again.**	그럼 배우고 다시 하면 돼.

일상적 친밀감의 표현
Words of Daily Affection

반복 학습 체크 포인트 ☑○○○○○

Real Talk   **바로 쓸 수 있는 핵심 표현 익히기**

You make my day.	네 덕분에 하루가 행복해졌어!
Love having you here.	네가 있어서 너무 좋아.
Best team ever.	우린 최고의 팀이야!
Better with you around.	네가 있으면 더 좋아.
Let's never change.	우리 영원히 이렇게 지내자.

Real-Life Dialogue   **상황별 실전 대화하기**

TIP! 일상적인 애정 표현은 관계를 더욱 풍성하게 만듭니다.
작은 말 한마디가 평범한 순간을 특별하게 해줍니다.

A	**Today was seriously amazing.**	오늘 진짜 최고였어.
B	**You make my day every time.**	네 덕분에 하루가 행복해졌어!
A	**We should do this more.**	우리 자주 이렇게 만나자.
B	**No doubt, let's plan something soon.**	당연하지! 곧 또 계획 잡자.

I really appreciate your support during these difficult moments.
이 힘든 순간들 속에서 당신의 지지에 정말 감사드립니다.

→ Thanks for always being there!
항상 곁에 있어줘서 고마워!

Your friendship brings so much happiness to my life.
당신의 우정은 제 삶에 큰 행복을 가져다줍니다.

→ You mean everything to me.
넌 내 전부야.

Remember that these challenging times will eventually pass.
이 힘든 시기는 결국 지나갈 것이라는 걸 기억하세요.

→ Hang in there, it's temporary.
조금만 버텨, 곧 지나갈 거야.

You bring joy and meaning to my everyday life.
당신은 제 일상에 기쁨과 의미를 가져다줍니다.

→ My days are better with you!
네 덕분에 내 하루가 더 좋아!

I promise to stay with you through every moment.
모든 순간 당신과 함께하겠다고 약속합니다.

→ No matter what, I'm here.
어떤 일이 있어도 내가 있어.

✏️ 3초 5단어 연습해보기 3·5 REVIEW

Real Talk 3·5

1 다 잘 될 거야.

2 내가 있잖아.

3 네가 해낸 거야!

4 완전 잘하고 있어!

5 오늘 넌 최고야.

6 늘 고마워.

7 넌 충분히 해낼 수 있어.

8 네 덕분에 하루가 행복해졌어!

9 네가 있어서 너무 좋아.

10 우린 최고의 팀이야!

Real-Life Dialogue 3·5

A Ugh, I bombed my test again.

B _____

A You've been there?

B We all have those days.

A I'm so nervous about tomorrow.

B _____ No doubt.

A What if I mess up?

B Then you learn and go again.

답 | 1 It'll all work out. 2 I got you. 3 You earned it! 4 You're killin' it! 5 You're the best today. 6 Appreciate you always. 7 I know you got it. 8 You make my day. 9 Love having you here. 10 Best team ever. B I know that feeling too. B You got this.

대화의 시작만큼 중요한 대화의 마무리

"Great endings spark new beginnings." (멋진 마무리가 새로운 시작을 이끈다.)

대화에서는 물론 그 내용 자체도 중요하지만, 사실 그 대화에 대해 가장 큰 인상을 남기는 것은 바로 마무리입니다. 마무리가 어색하면 좋은 대화라도 허무함이 남게 되고, 반대로 센스 있게 마무리하면 짧은 대화였더라도 강한 인상을 남기게 되죠. 그렇다면 3초 안에 5단어로 깔끔하게 대화를 끝내는 방법엔 어떤 것이 있을까요?

첫째, 대화의 마지막 한마디가 상대방의 기억 속에 오래 남을 수 있으니 직설적인 문장보다는 살짝 여운을 남기는 것이 좋습니다. "Think about it, let's talk.(생각해보고 이야기하자.)", "Let's circle back next time. (다음에 다시 이야기해요.)" 같은 표현을 사용하면 상대가 대화를 곱씹으며 후속 대화를 기대하게 됩니다.

둘째, 대화의 마무리는 명확하면서도 예의 있게 선을 긋는 것이 중요합니다. "I gotta go, take care!(전 가봐야 해요, 잘 지내세요!)", "That's enough for today.(오늘은 이쯤 하면 되겠네요.)"처럼 말하면 상대도 자연스럽게 대화를 마무리하게 됩니다.

셋째, 짧고 따뜻한 한마디를 남기면 대화가 끝난 뒤에도 좋은 기분으로 다음 만남을 기대하게 됩니다. "That was fun, thank you!(재밌었어요, 고마워요!)", "Good talk, see you soon!(좋은 대화였어요, 곧 봬요!)", "You made my day.(덕분에 기분 좋아졌어요.)" 이런 표현들은 상대에게 긍정적인 감정을 남겨주죠.

넷째, 가벼운 농담이나 재치 있는 말 한마디로 마지막까지 센스를 유지하면 분위기가 한층 유쾌해집니다. "Don't miss me too much.(너무 보고싶어 하진 마세요!)", "Keep me posted, gossip included.(소식 전해주세요, 가십까지 포함해서요.)" 웃음으로 대화를 마무리하게 하는 표현들입니다.

다섯째, 다음 만남이나 대화를 암시하면 관계가 더욱 매끄럽게 이어질 수 있습니다. "Next time, my treat!(다음번엔 제가 쏠게요!)", "Tell me more next time.(다음에 더 이야기 해주세요.)"처럼 말이죠.

위의 다섯 가지 원칙만 기억하면 짧은 5단어만으로 자연스럽고 쿨하게 대화를 정리할 수 있을 것입니다. 깔끔한 시작만큼이나 센스 있는 마무리가 중요하다는 점을 잊지 마세요!

여운을 남기는 마무리법
Leaving a Thoughtful Ending

반복 학습 체크 포인트 ✓○○○○○

Real Talk　　**바로 쓸 수 있는 핵심 표현 익히기**

Think it over, let's chat.	생각해보고 이야기하자.
Worth considering, trust me.	고려해볼 만해, 믿어봐.
Let's revisit this later.	이거 나중에 다시 보자.
Sleep on it tonight.	하룻밤 자면서 잘 고민해봐.
Endless possibilities, really.	가능성은 무궁무진해.

Real-Life Dialogue　　**상황별 실전 대화하기**

TIP! 여운을 남기는 마무리는 대화를 풍성하게 만들고 상대방에게 생각할 거리를 줍니다.
눈을 맞추며 진심 어린 표정으로 말하면 더 효과적입니다.

A	**What do you think?**	어떻게 생각해?
B	**It's got real potential.**	잠재력이 있어 보여.
A	**Should I go for it?**	그럼 진행할까?
B	**Think it over, let's chat.**	생각해보고 이야기하자.

쿨하게 선 긋는 마무리법
Setting Boundaries Smoothly

반복 학습 체크 포인트 ✓○○○○○

Real Talk 　바로 쓸 수 있는 핵심 표현 익히기

Gotta go, take care!	난 가봐야 해, 잘 지내!
That's enough for today.	오늘은 이쯤 하자.
Let's stop here.	여기까지만 하자.
I need to head out.	이제 가야 해.
We'll continue next time.	나중에 이어서 하자.

Real-Life Dialogue 　상황별 실전 대화하기

TIP! 명확한 경계를 설정하는 것은 건강한 관계의 기본입니다.
부드러운 어조와 미소를 유지하며 단호하게 말하세요.

A	**This meeting's running over.**	회의가 너무 길어지네.
B	**That's enough for today.**	오늘은 이쯤 하자.
A	**But we're not finished.**	하지만 아직 안 끝났어.
B	**We'll pick it up later.**	나중에 이어서 하자.

긍정적 마무리법
Ending on a Positive Note

반복 학습 체크 포인트 ✓○○○○○

Real Talk　　**바로 쓸 수 있는 핵심 표현 익히기**

That was fun, thanks!	재밌었어, 고마워!
Good talk, see you soon!	좋은 대화였어, 곧 보자!
You made my day.	덕분에 기분 좋았어.
Great conversation, really.	정말 좋은 대화였어.
Appreciate your time today.	오늘 시간 내줘서 고마워.

Real-Life Dialogue　　**상황별 실전 대화하기**

TIP! 긍정적 마무리는 상대방에게 좋은 인상을 남깁니다.
진심을 담아 표현하면 관계가 더욱 깊어집니다.

A	**Hope this advice helps.**	이 조언이 도움이 되길 바라.
B	**Good talk, see you soon!**	좋은 대화였어, 곧 보자!
A	**Glad to help.**	도움이 돼서 기뻐.
B	**Really appreciate it!**	정말 고마워!

유머 있게 끝내는 법

Wrapping Up with Humor

반복 학습 체크 포인트 ✓○○○○○

Real Talk   **바로 쓸 수 있는 핵심 표현 익히기**

Don't miss me too much.	너무 보고싶어 하진 마!
I'll be back soon.	곧 다시 올게.
Keep me updated!	소식 전해줘!
Same time tomorrow?	내일 같은 시간?
Life goes on!	어찌 됐든 인생은 흘러가.

Real-Life Dialogue   **상황별 실전 대화하기**

TIP! 유머는 무거운 분위기도 가볍게 만드는 마법 같은 요소입니다.
밝은 표정과 함께 농담을 던지면 대화의 마무리가 즐거워집니다.

A	Gotta leave this wild party.	이 미친 파티에서 이제 가야겠어.
B	I'll be back soon.	곧 다시 올게.
A	Sure, it's too good!	당연하지, 너무 재밌잖아!
B	You know I can't resist!	못 참지!

관계를 이어가는 마무리법
Keeping the Connection Going

반복 학습 체크 포인트 ✓○○○○○

| Real Talk | 바로 쓸 수 있는 핵심 표현 익히기 |

Next time, my treat!　　　다음번엔 내가 쏠게!

Tell me more later.　　　다음에 더 얘기해줘.

Let's meet next week.　　　다음 주에 보자.

We should do this again.　　　또 만나서 이렇게 하자!

Can't wait for tomorrow.　　　내일이 기대돼.

| Real-Life Dialogue | 상황별 실전 대화하기 |

TIP! 대화를 끝내면서도 다음 만남을 암시하면 관계가 더욱 발전합니다.
진정성 있는 제안으로 지속적인 관계를 유지하세요.

A　**Thanks for the coffee!**　　　오늘 커피 고마워!

B　**Next time, my treat!**　　　다음번엔 내가 쏠게!

A　**I'll hold you to that!**　　　진짜 꼭 쏘는 거다?

B　**Looking forward to it!**　　　완전 기대된다!

195

I have enjoyed our conversation and appreciate your thoughtful insights.
당신과의 대화를 즐겼고 당신의 통찰력 있는 생각에 감사드립니다.

→ That was fun, thank you!
재밌었어, 고마워!

We should finish this discussion and continue next time.
이 논의를 마무리하고 다음에 이어서 하는 게 좋겠습니다.

→ Let's pick this up later.
이건 나중에 이어서 하죠.

I'm sorry but I need to leave now.
죄송하지만 지금 가봐야 합니다.

→ I've got to go now.
나 이제 가봐야 해요.

Your idea is interesting and I'll think about it.
당신의 아이디어가 흥미롭고, 저도 생각해볼게요.

→ Interesting! I'll think on it.
흥미롭네요! 생각해볼게요.!

We should meet again for another great conversation.
우리는 또 다른 좋은 대화를 위해 다시 만나야 해요.

→ Let's do this again soon.
우리 또 이야기하죠!

3초 5단어 연습해보기 3·5 REVIEW

Real Talk 3·5

1 생각해보고 이야기하자.

2 가능성은 무궁무진해.

3 여기까지만 하자.

4 이제 가야 해.

5 재밌었어, 고마워!

6 덕분에 기분 좋았어.

7 너무 보고싶어 하진 마!

8 곧 다시 올게.

9 다음번엔 내가 쏠게!

10 내일이 기대돼.

Real-Life Dialogue 3·5

A **This meeting's running over.**

B _____

A **But we're not finished.**

B **We'll pick it up later.**

A **Hope this advice helps.**

B _____

A **Glad to help.**

B **Really appreciate it!**

답 | 1 Think it over, let's chat. 2 Endless possibilities, really. 3 Let's stop here. 4 I need to head out.
5 That was fun, thanks! 6 You made my day. 7 Don't miss me too much. 8 I'll be back soon. 9 Next time,
my treat! 10 Can't wait for tomorrow. B That's enough for today. B Good talk, see you soon! **197**

CHAPTER 3

품격 있는 대화

존중의 3초 원칙

RESPECT IN
3 SECONDS

대화의 기본은 말을 끊지 않는 습관

"Respect begins where interruption ends." (존중은 말을 끊지 않을 때 시작된다.)

중국 춘추시대의 대학자 공자孔子는 "불여청, 불여묵不如聽, 不如默", 즉 "듣는 것만 못하고, 침묵만 못하다."라는 가르침을 통해 경청의 중요성을 강조했습니다. 제자들과 대화를 나눌 때도 "말하기 전에 들으라."는 원칙을 철저히 지켰으며, 나이가 어린 제자의 말이라도 끝까지 경청했다고 합니다.

그러나 우리는 종종 "Wait, I have something to say.(잠깐만요, 제가 할 말이 있어요.)"라며 상대의 말을 가로막거나, 무의식적으로 자신의 의견을 먼저 내세우곤 합니다. 대화의 흐름을 자연스럽게 이어가기보다는 "That's enough for today.(오늘은 이쯤 하죠.)"라며 성급하게 마무리하는 경우도 많습니다. 이러한 태도는 의도하지 않았더라도 상대에게 "Your words are less important than mine.(당신의 말보다 제 말이 더 중요합니다.)"라는 메시지를 전달할 수 있습니다.

대화에서 지켜야 할 가장 기본적인 예의는 상대방의 말을 끊지 않고 끝까지 듣는 것입니다. 이는 상대방을 존중하고 인정하는 태도의 기본이기도 합니다. 대화를 캐치볼에 비유해보면 이해가 더 쉽습니다. 한쪽에서 공을 던졌다면, 상대방이 맞받아칠 수 있도록 기다려야 합니다. 그런데 한쪽만 공을 계속해서 던지면 제대로 캐치볼이 이어질 수가 없겠죠. 만약 상대의 공을 기다리지 않고 상대의 말을 가로막고 싶은 충동이 들 때는 자신이 정말 진심으로 경청하고 있는지 스스로에게 질문해보시기 바랍니다.

또 말을 끊지 않는 것만큼 중요한 것은 "나는 당신의 말을 관심 있게 듣고 있습니다."라는 신호를 보내는 것입니다. 이때 꼭 긴 문장으로 표현하지 않아도 됩니다. 상대의 말에 고개를 끄덕이거나 "음", "아", "그렇군요." 같은 짧은 추임새를 넣는 것만으로도 상대방은 자신의 말이 존중받고 있다고 느낄 것입니다.

존중이 담긴 대화는 "speaking well(말을 잘하는 것)"이 아니라 "listening well(잘 듣는 것)"에서 시작됩니다. 말을 끝까지 듣는 것은 상대방에 대한 배려이자 상대방의 생각과 감정을 온전히 존중하는 중요한 습관입니다. 작은 기다림과 경청의 자세는 신뢰를 쌓고 더 의미 있는 대화를 만들어냅니다. 이제 대화를 나눌 때 한 번 더 귀를 기울이고, 진심으로 공감하는 연습을 시작해보세요.

카페에서의 수다
Coffee Shop Chat

반복 학습 체크 포인트 ✓○○○○○

Real Talk	바로 쓸 수 있는 핵심 표현 익히기

Spill it!   다 말해봐!

No way! What happened?   말도 안 돼! 어떻게 된 거야?

That's wild!   대박인데!

I'm hooked, keep talking.   완전 빠져들었어, 계속해.

Then what happened?   그래서 어떻게 됐어?

Real-Life Dialogue	상황별 실전 대화하기

TIP! 친구의 데이트 이야기를 듣는 상황입니다.
상대가 이야기하는 동안 끊지 말고 잘 들어주세요.

A   I had the worst date.   최악의 데이트였어.

B   No way! What happened?   말도 안 돼! 어떻게 된 거야?

A   He showed up an hour late.   그 사람 한 시간 늦게 왔다니까.

B   What a jerk.   진짜 재수 없네.

Section 2

직장의 점심 시간
Lunch Break Stories

반복 학습 체크 포인트

바로 쓸 수 있는 핵심 표현 익히기

Sounds like a mess.	완전 난리였네.
Give me the full story.	전체 얘기 들려줘.
No way, you serious?	말도 안 돼, 진짜?
This is getting good.	재미있어지는데.

Don't leave anything out!(=Tell me everything!)
하나도 빼먹지 말고 말해줘!

상황별 실전 대화하기

TIP! 동료의 주말 이야기를 듣는 상황입니다.
흥미로운 반응을 보이며 끝까지 들어주세요.

A	**My weekend was absolute chaos…**	내 주말이 완전 대혼돈이었어…
B	**Sounds like a mess.**	완전 난리였네.
A	**You have no idea! First…**	상상도 못 할 거야! 우선…
B	**Don't leave anything out!**	하나도 빼먹지 말고 다 말해줘!

친구와의 게임 채팅
Gaming Chat

(반복 학습 체크 포인트 ✓○○○○○)

| Real Talk | 바로 쓸 수 있는 핵심 표현 익히기 |

Insane! What's next?	말도 안 돼! 다음은?
You're killing it today!	오늘 완전 물 올랐네!
This is wild!	완전 대박인데!
I'm all in now.	이제 완전 몰입했어.
Give me all the details!	자세히 다 알려줘!

| Real-Life Dialogue | 상황별 실전 대화하기 |

TIP! 게임 중에 있었던 일을 공유하는 상황입니다.
상대의 이야기에 적극적으로 리액션하세요.

A You should've seen what happened in-game…

게임에서 있었던 일 들으면 깜짝 놀랄걸…

B Insane! What's next?   말도 안 돼! 다음은?

A We were about to lose when…   우리가 질 뻔했는데…

B I'm all in now!   이제 완전 몰입했어!

동네 카페에서의 수다
Neighborhood Cafe Gossip

반복 학습 체크 포인트 ✓○○○○○

Real Talk | 바로 쓸 수 있는 핵심 표현 익히기

No way, really?	말도 안 돼, 진짜?
You're kidding!	설마!
And then?	그 다음엔?
This is getting good!	점점 흥미진진해지는데!
Tell me everything!	다 말해봐!

Real-Life Dialogue | 상황별 실전 대화하기

TIP: 이웃의 새로운 소식을 듣는 상황입니다.
호기심 어린 반응으로 대화를 이어가세요.

A **Have you heard about the new bakery?**
새로 생긴 빵집 소식 들었어?

B **No way, really?** 진짜야? 말도 안 돼!

A **Yes! And there's more…** 응! 근데 그게 다가 아니야…

B **This is getting good!** 점점 흥미진진해지는데!

쇼핑몰에서 친구와의 만남
Shopping Mall Meetup

(반복 학습 체크 포인트 ✔○○○○○)

Real Talk　　**바로 쓸 수 있는 핵심 표현 익히기**

You won't believe this!	이거 들으면 놀랄걸!
That's awesome!	완전 대박이네!
And then?	그래서?
This is crazy exciting!	이거 완전 짜릿한데!
Keep it coming!	계속 말해줘!

Real-Life Dialogue　　**상황별 실전 대화하기**

TIP! 이웃의 새로운 소식을 듣는 상황입니다.
호기심 어린 반응으로 대화를 이어가세요.

A **I tried street food in Thailand.**　　태국에서 길거리 음식 먹어봤어.

B **Oh nice! What did you eat?**　　오 진짜? 뭐 먹었는데?

A **Mango sticky rice. It was so good!**
망고 찹쌀밥! 완전 맛있었어.

B **This is crazy exciting!**　　이거 완전 짜릿한데!

I want to hear your weekend stories and fun moments.

주말의 이야기와 재미있었던 순간들을 듣고 싶어요.

→ How was your weekend?

주말 어땠어?

We should all listen while others are speaking.

다른 사람이 말할 때 우리 모두 들어야 해요.

→ One at a time, guys.

한 번에 한 명씩 말하자.

Staying quiet and paying attention helps you understand the full meaning of conversations.

조용히 집중하면 대화의 전체 의미를 더 잘 이해할 수 있어요.

→ Listening makes us smarter.

귀 기울여 들으면 더 똑똑해진다.

When your friend is sharing something, avoid interrupting their story.

친구가 무언가를 공유할 때는 이야기를 중간에 끊지 마세요.

→ Don't cut them off.

말 끊지 말자.

Good conversations happen when people respect each other's speaking time.

좋은 대화는 서로의 말할 시간을 존중할 때 이루어집니다.

→ Good talks need respect.

좋은 대화엔 존중이 필요해.

Real Talk 3·5

1 다 말해봐!

2 대박인데!

3 완전 난리였네.

4 말도 안 돼, 진짜?

5 이제 완전 몰입했어.

6 자세히 다 알려줘!

7 설마!

8 그 다음엔?

9 이거 들으면 놀랄걸!

10 계속 말해줘!

Real-Life Dialogue 3·5

A Have you heard about the new bakery?

B _____

A Yes! And there's more…

B This is getting good!

A I tried street food in Thailand.

B Oh nice! What did you eat?

A Mango sticky rice. It was so good!

B _____

답 | 1 Spill it! 2 That's wild! 3 Sounds like a mess. 4 No way, you serious? 5 I'm all in now. 6 Give me all the details! 7 You're kidding! 8 And then? 9 You won't believe this! 10 Keep it coming! B No way, really?
B This is crazy exciting!

진정한 이해를 통해 공감을 형성하라

우리는 흔히 "I get what you mean.(무슨 말인지 알겠어요.)"라고 말하지만, 상대의 감정을 온전히 이해하지 못한 경우가 많습니다. 단순히 "That must have been tough.(그래서 힘들었겠어요.)"라고 공감하는 것만으로는 충분하지 않죠.

진정한 소통은 표면적인 말보다 상대의 감정을 공감하고 인정하는 순간부터 시작됩니다. "You're absolutely right.(당신 말이 정말 맞아요.)"라는 말은 단순한 동의를 넘어, 상대의 입장을 진심으로 받아들이는 태도를 의미합니다. 상대의 말을 듣고 "I see what you mean.(아, 그런 의미군요.)", "That makes total sense.(완전히 이해가 돼요.)"와 같이 적극적으로 확인하고 인정하는 과정에서 더 깊은 신뢰와 진정한 연결이 형성되지요. 언뜻 비슷해 보이지만, "I understand.(이해해요.)"와 "You're absolutely right.(정말 맞는 말이에요.)"의 작은 차이는 대화의 깊이를 완전히 바꿀 수도 있습니다.

특히 주목해야 할 것은 '3초의 법칙'입니다. 상대방의 말이 끝난 후

3초의 여유를 갖는 것만으로도 우리는 진정한 이해와 공감의 시간을 가질 수 있습니다. "I couldn't agree more. (정말 동감이에요.)"라고 말하기 전에, 잠시 생각하고 상대의 감정을 깊이 받아들이는 시간을 들여보세요. "The way you handled it was perfect.(그 상황을 대처하신 방식이 완벽했어요.)"라고 칭찬하기 전에 그 순간을 충분히 떠올리고 공감하는 과정이 선행된다면 더욱 진정성이 전해지게 됩니다. 이렇게 작은 배려 하나가 대화의 깊이를 완전히 바꿀 수 있죠.

대화는 결국 서로를 이해하고 헤아리며 존중하는 과정입니다. "We're on the same page.(우리의 생각이 같네요.)"라는 한마디가 상대방과의 유대감을 한층 더 견고하게 만들어주며, "Let's think about it together.(함께 생각해보죠.)"라는 제안이 더 깊이 있는 관계의 시작이 될 수 있습니다. 때로는 "That changes everything.(그건 모든 걸 바꾸는군요.)"라고 인정하는 순간 새로운 관점이 열리기도 할 겁니다.

진정한 이해를 통해 연결을 만들어가는 것, 그것이야말로 소통의 시작 아닐까요? 그렇기에 우리는 대화의 흐름 속에서 단순한 반응을 넘어, 서로의 감정을 충분히 공감하도록 노력하는 태도를 가져야 합니다. 진정으로 깊이 있는 대화는 "당신의 말이 맞아요."라는 한마디에서 시작됩니다. 그 순간 우리는 비로소 서로를 있는 그대로 받아들이는 진짜 소통의 길에 들어서는 것입니다.

일상 속 대화하기
Daily Chats

반복 학습 체크 포인트 ✅○○○○○

Real Talk | **바로 쓸 수 있는 핵심 표현 익히기**

You're right.	맞아.
Couldn't agree more.	완전 동의해.
I get it.	이해돼.
Tell me what you think.	네 생각을 말해줘.
No doubt.	틀림없어.

Real-Life Dialogue | **상황별 실전 대화하기**

TIP! 친구와 새로운 카페에 대해 이야기하는 상황입니다.
공감하며 대화를 이어가세요.

A	This café feels so cozy.	이 카페 진짜 아늑하지?
B	Couldn't agree more.	완전 동의해.
A	And their Americano is great.	그리고 아메리카노 끝내줘.
B	No doubt.	그러니까.

직장에서 대화하기
Office Talk

반복 학습 체크 포인트 ✓○○○○○

Real Talk **바로 쓸 수 있는 핵심 표현 익히기**

That's fair.	일리 있어.
I see that.	이해돼.
That's my thought too!	나도 그렇게 생각했어!
Good point.	좋은 지적이야.
That works.	괜찮은 생각이야.

Real-Life Dialogue **상황별 실전 대화하기**

TIP! 회의 중 동료의 의견에 공감하는 상황입니다.
상대방의 제안을 경청하고 지지하는 태도로 대화를 이어가세요.

A	We should try another approach.	다른 방식이 필요할 것 같아.
B	That's fair.	일리 있어.
A	Maybe a new strategy works.	새로운 전략이 나올 수도 있어.
B	Let's dig in.	한번 살펴보자.

감정 공유하기
Sharing Feelings

반복 학습 체크 포인트 ✓○○○○○

Real Talk **바로 쓸 수 있는 핵심 표현 익히기**

I hear you.	네 말 이해돼.
Exactly.	정확해.
I feel that.	공감해.
Same here.	나도 그래.
You read my mind!	네가 내 마음을 읽었네!

Real-Life Dialogue **상황별 실전 대화하기**

TIP! 친구의 고민을 듣는 상황입니다.
진심어린 공감으로 대화를 이어가세요.

A **Everything feels overwhelming lately.**

　　요즘 너무 버겁게 느껴져.

B **I hear you.** 　　　　　　　　　　네 말 이해돼.

A **Too much happening at once.**　일이 한꺼번에 몰려와.

B **I feel that.** 　　　　　　　　　그 감정 이해해.

의견 나누기
Sharing Opinions

반복 학습 체크 포인트 ⊘○○○○○

Real Talk **바로 쓸 수 있는 핵심 표현 익히기**

That's true.	맞아.
I see what you mean.	무슨 말인지 알겠어.
Interesting point!	흥미로운 포인트야!
Tell me more.	더 말해줘.
Good thought.	훌륭한 통찰이야.

Real-Life Dialogue **상황별 실전 대화하기**

TIP! 책에 대해 토론하는 상황입니다.
상대방의 관점에 관심을 보이며 대화를 이어가세요.

A	This book changed my mindset.	이 책이 내 생각을 바꿨어.
B	Interesting point.	흥미로운 포인트야.
A	It made me rethink life.	인생을 다시 보게 됐어.
B	Good thought.	훌륭한 통찰이야.

공감 표현하기
Showing Empathy

반복 학습 체크 포인트 ✓○○○○○○

Real Talk	바로 쓸 수 있는 핵심 표현 익히기

Well done.	잘했어.
That's big.	대단해.
Be proud.	(너 스스로를) 자랑스러워해.
Much deserved.	당연한 결과야.
So happy.	진짜 기뻐.

Real-Life Dialogue	상황별 실전 대화하기

TIP! 친구의 성장을 축하하는 상황입니다.
진심어린 축하와 응원의 마음을 담아 대화를 이어가세요.

A	I finally reached my goal.	드디어 목표 달성했어.
B	Well done.	잘했어.
A	It was really challenging.	진짜 힘들었어.
B	Be proud.	(너 스스로를) 자랑스러워해.

I appreciate your effort to understand me.

나를 이해하려는 노력에 감사해요.

→ Thanks for understanding me.

이해해줘서 고마워.

We should consider all outcomes first.

먼저 모든 결과를 고려해야 해요.

→ Let's weigh all options first.

먼저 모든 선택지를 따져보자.

Stepping back can solve problems.

한 발 물러서면 해결될 수도 있어요.

→ Step back and rethink it.

한 발 물러서서 다시 생각해봐.

Validating feelings matters, even in disagreement.

의견이 달라도 감정을 인정하는 게 중요해요.

→ Respecting feelings matters too.

감정을 존중하는 것도 중요해.

Good communication starts with understanding.

좋은 소통은 이해에서 시작돼요.

→ Better understanding, better talk.

잘 이해하면 더 좋은 대화가 돼.

216

Real Talk 3·5

1 맞아.

2 이해돼.

3 일리 있어.

4 좋은 지적이야.

5 정확해.

6 나도 그래.

7 무슨 말인지 알겠어.

8 훌륭한 통찰이야.

9 잘했어.

10 대단해.

Real-Life Dialogue 3·5

A This café feels so cozy.

B Couldn't agree more.

A And their Americano is great.

B _____

A This book changed my mindset.

B _____

A It made me rethink life.

B Good thought.

단호하지만 따뜻한 리액션의 온도 조절

"The art of response lies in its temperature." (어떤 반응을 하느냐는, 그 것이 얼마나 뜨겁거나 차가운지에 달려 있다.)

인도의 시인이자 철학자인 라빈드라나트 타고르Rabindranath Tagore는 진실과 사랑의 관계에 대해 깊이 생각했으며, 진실이 사랑과 함께 전달 될 때 가장 큰 의미를 가질 수 있다고 믿었습니다. 이는 단순히 무엇을 말하는가보다 그것을 어떻게 전달하느냐가 훨씬 더 중요하다는 깊은 통찰을 담고 있습니다. 우리는 매일 수많은 대화를 나누며 서로의 감정 을 주고받지만, 같은 말이라도 어떤 온도로 전해지느냐에 따라 그 의미 는 완전히 달라질 수 있습니다. 그래서 때로는 단호하게, 때로는 부드 럽게 조율하는 것이야말로 진정한 소통의 시작입니다.

흔히 사람들은 '무엇을 말할 것인가'에 집중하지만, 사실 더 중요한 것은 '어떻게 말할 것인가'입니다. 단순한 한마디가 상황을 바꿀 수 있 습니다. 예를 들어 "Let me think about that.(그것에 대해 생각해볼게요.)" 라는 말은 신중한 태도를 보여줄 수 있고, "I understand how you feel.

(네 감정을 이해해.)"라는 짧은 표현이 깊은 신뢰를 형성할 수도 있습니다. 감정이 격해지는 순간에도 3초만 여유를 두고 "I hear you.(네 말을 듣고 있어.)"라고 말하는 것, 그리고 감정이 고조된 상황에서도 "Let's talk this through.(차근히 이야기해보자.)"라고 제안하는 것, 이런 태도가 바로 대화의 온도를 조절하는 지혜입니다.

그렇다고 해서 언제나 부드럽기만 해야 하는 것은 아닙니다. "I respectfully disagree.(당신을 존중하지만, 의견에는 반대합니다.)"라는 표현처럼, 단호함과 예의는 충분히 공존할 수 있습니다. 또한, "I value your perspective.(당신의 관점을 소중히 여깁니다.)"라는 인정이 "but(하지만)"이 아닌 "and(그리고)"로 이어질 때, 우리의 대화는 더욱 풍성해집니다. 어떤 상황에서도 상대의 감정을 존중하면서 동시에 본질을 놓치지 않는 것이 중요합니다. 단호함이 필요할 때는 단호하되, 여전히 "I care about you.(난 너를 소중히 여겨.)"라는 따뜻함을 잃지 않는 것, 그것이 바로 진정한 소통의 기술입니다.

말의 온도는 결국 마음의 온도를 반영합니다. 반응의 온도를 조절한다는 것은 상대의 감정을 읽고 공감하며 그에 맞는 적절한 태도를 선택하는 깊은 배려에서 비롯됩니다.

회사에서의 피드백
Office Feedback

반복 학습 체크 포인트 ✓○○○○○

Real Talk **바로 쓸 수 있는 핵심 표현 익히기**

I get your point.	네 말 이해돼.
Let's think this through.	이거 신중히 고민해보자.
I see your concern.	네 걱정 이해돼.
We'll figure this out.	이 문제 해결할 수 있어.
That's a good point.	좋은 지적이야.

Real-Life Dialogue **상황별 실전 대화하기**

TIP! 업무 미팅에서 동료의 의견을 듣는 상황입니다.
단호하면서도 협력적인 태도를 보여주세요.

A	**This project's a mess.**	이번 프로젝트 완전 엉망이야.
B	**We'll figure this out.**	우리가 해결할 수 있을 거야.
A	**Got any ideas?**	아이디어 있어?
B	**Let's keep it simple.**	단순하게 가보자.

가족 간의 대화
Family Discussion

반복 학습 체크 포인트 ✓○○○○○

Real Talk　　바로 쓸 수 있는 핵심 표현 익히기

I appreciate your honesty.	솔직하게 말해줘서 고마워.
Let's fix this together.	같이 해결해보자.
That makes sense.	일리 있는 말이야.
Help me understand.	내가 완전히 납득할 수 있게 설명해줘.
We'll get through this.	우린 이겨낼 수 있어.

Real-Life Dialogue　　상황별 실전 대화하기

TIP: 가족 회의에서 민감한 주제를 다루는 상황입니다.
공감하면서도 분명한 입장을 전달하세요.

A　I feel like no one listens…　　아무도 내 말을 안 듣는 것 같아…

B　I appreciate your honesty.　　솔직하게 말해줘서 고마워.

A　It's been bothering me for weeks…
이게 몇 주 동안 계속 신경 쓰였어…

B　Let's fix this together.　　같이 해결해보자.

친구와의 갈등
Friend Conflict

반복 학습 체크 포인트 ✔○○○○○

Real Talk **바로 쓸 수 있는 핵심 표현 익히기**

Our friendship matters.	우리 우정 중요해.
Let's clear this up.	이 문제를 깨끗하게 정리하자.
I respect your feelings.	네 감정 존중해.
Let's talk this out.	우리 얘기하자.
This is important.	난 이게 중요해.

Real-Life Dialogue **상황별 실전 대화하기**

TIP! 오랜 친구와의 오해를 풀어가는 상황입니다.
진정성 있게 대화를 이어가세요.

A	**I feel like you've changed.**	너 요즘 좀 달라졌어.
B	**Let's talk this out.**	툭 터놓고 얘기하자.
A	**Yeah, I don't wanna fight.**	그래, 싸우고 싶진 않아.
B	**Me neither, let's talk.**	나도 마찬가지야. 얘기로 하자.

연인과의 대화
Couple Talk

반복 학습 체크 포인트 ✓○○○○○

Real Talk   바로 쓸 수 있는 핵심 표현 익히기

I'm always here.	난 항상 네 편이야.
We'll get through this.	우린 이겨낼 수 있어.
Your feelings matter.	네 감정 중요해.
We're in this together.	우린 함께야.
Trust me.	날 믿어줘.

Real-Life Dialogue   상황별 실전 대화하기

TIP! 서로의 미래에 대해 이야기하는 상황입니다.
진심을 담아 대화하세요.

A	I'm worried about our future…	우리 미래가 걱정돼…
B	I'm always here.	난 항상 네 편이야.
A	Everything feels so uncertain…	모든 게 너무 불확실해…
B	We'll get through this.	우린 이겨낼 수 있어.

직장 멘토링
Work Mentoring

반복 학습 체크 포인트 ✓○○○○○

Real Talk 바로 쓸 수 있는 핵심 표현 익히기

I see potential.	넌 가능성이 보여.
Let's explore options.	가능한 선택지들을 찾아보자.
You're improving.	너 성장하고 있어.
Keep growing.	계속 성장해.
Let's plan together.	같이 계획하자.

Real-Life Dialogue 상황별 실전 대화하기

TIP! 주니어 직원과의 멘토링 상황입니다.
긍정적이면서도 현실적인 피드백을 주세요.

A **I feel stuck in my career…** 커리어가 정체된 느낌이에요…

B **I see potential.** 넌 가능성이 보여.

A **But I'm unsure about my path…**
하지만 어떤 길로 가야 할지 모르겠어요…

B **Let's explore options.** 다른 가능성도 살펴보자.

When you give feedback, acknowledge efforts while showing areas to improve.

피드백할 때는 노력은 인정하면서 개선점을 제시하세요.

→ Great job, keep improving!

잘했어요, 계속 발전하세요.

Sometimes silence speaks louder than words.

때로는 침묵이 말보다 더 큰 소리를 냅니다.

→ Take your time to think.

서두르지 말고 충분히 생각하세요.

Clear boundaries create better relationships.

명확한 경계가 더 좋은 관계를 만듭니다.

→ I respect both of us.

우리 둘 다 존중해요.

Empathy and firmness can coexist beautifully.

공감과 단호함은 아름답게 공존할 수 있습니다.

→ I get it, rules matter.

이해해요, 하지만 규칙도 중요해요.

Honest feedback requires careful delivery.

정직한 피드백은 신중한 전달이 필요합니다.

→ Be honest, but be kind.

정직하되, 친절하게 말하세요.

Real Talk 3·5

1 네 말 이해돼.

2 이 문제 해결할 수 있어.

3 솔직하게 말해줘서 고마워.

4 같이 해결해보자.

5 이 문제를 깨끗하게 정리하자.

6 난 이게 중요해.

7 우린 함께야.

8 날 믿어줘.

9 가능한 선택지들을 찾아보자.

10 계속 성장해.

Real-Life Dialogue 3·5

A **I feel like you've changed.**

B _____

A **Yeah, I don't wanna fight.**

B **Me neither, let's talk.**

A **I'm worried about our future…**

B _____

A **Everything feels so uncertain…**

B **We'll get through this.**

답 | 1 I get your point. 2 We'll figure this out. 3 I appreciate your honesty. 4 Let's fix this together. 5 Let's clear this up. 6 This is important. 7 We're in this together. 8 Trust me. 9 Let's explore options. 10 Keep growing. B Let's talk this out. B I'm always here.

말보다 중요한 것, 적절한 거리와 신뢰의 눈맞춤

"Space isn't just empty — it's a love language." (공간은 단순히 비어 있는 게 아니라, 사랑을 표현하는 방식입니다.)

어느 심리학자의 재치 있는 표현처럼, 상대방과의 거리는 단순한 물리적 간격이 아니라 마음의 거리까지 결정 짓는 중요한 요소입니다. 실제로 대화의 질을 결정하는 것은 말뿐만 아니라 상대방과의 거리, 그리고 눈맞춤이죠. 너무 가까우면 부담스럽고, 너무 멀면 소외감을 느낍니다. "Oops, too close!(앗, 너무 가까워!)"라며 웃으며 한 발 물러서는 센스는 때로 백 마디 말보다 더 큰 배려가 됩니다. 그렇다면 어떻게 해야 자연스럽게 상대의 공간을 존중하면서도 편안한 대화를 이어갈 수 있을까요?

중국의 고전 〈예기禮記〉에서는 예절과 의례에 관해 "거리가 있으면 예의가 서고, 예의가 있으면 조화가 이루어진다."라고 말합니다. 이 오래된 지혜는 오늘날에도 여전히 유효합니다. 대화를 나눌 때 상대와의 적절한 거리는 관계에 따라 다릅니다. 가족이나 연인처럼 가까운 관계에서는 1.2m의 개인 공간을 유지하는 것이 편안한 소통을 가능하게 합니다. 처음 만나는 사람이나 업무적인 관계에서는 1.2m~3.5m 정도의 사회적 거리가 적절하며, 강연이나 공식적인 자리에서는 3.5m 이상의 공적 거리를 유지하는 것이 일반적입니다.

눈맞춤 역시 신뢰를 형성하는 중요한 요소입니다. "Eyes are the windows to the soul.(눈은 영혼의 창이다.)"이라는 말처럼, 적절한 눈맞춤은 "Hey, I'm really listening!(있잖아, 나 정말 듣고 있어!)"이라는 무언의 메시지를 전달합니다. 하지만 너무 강렬한 눈맞춤은 오히려 부담을 줄 수 있습니다. 그래서 전문가들은 "3-2-1 Eye Contact Rule(3-2-1 눈맞춤 규칙)"을 제안합니다. 3초 동안 자연스럽게 응시한 후, 2초간 미소를 지으며 반응하고, 마지막 1초는 시선을 부드럽게 이동하는 방식이죠. 이를 통해 상대에게 관심과 존중을 표현하면서도 부담을 주지 않을 수 있습니다.

궁극적으로 좋은 대화는 상대를 배려하는 태도에서 시작됩니다. 상대가 불편해하지 않도록 적절한 공간을 유지하고, 신뢰를 형성할 수 있도록 자연스럽게 눈을 맞추는 것이 원활한 소통의 핵심입니다. 대화를 할 때 상대방이 보내는 신호를 민감하게 포착하고, 그에 맞게 공간과 시선을 조절하는 작은 배려가 대화의 품격을 한층 더 높여줄 것입니다. "Like a good neighbor, keeping good space!(좋은 이웃처럼, 좋은 거리를 유지해요.)"라는 마음가짐으로 서로의 공간을 존중하면 더 깊은 관계를 만들어갈 수 있습니다.

루프탑 바에서
Rooftop Bar Scene

반복 학습 체크 포인트 ✓○○○○○

Real Talk 　　바로 쓸 수 있는 핵심 표현 익히기

May I sit here?	여기 앉아도 될까요?
I'll shift a bit.	조금 자리 조정할게요.
Are you comfortable?	편하신가요?
Too close? I'll move.	가까운가요? 이동할게요.
Take your space.	편히 앉으세요.

Real-Life Dialogue 　　상황별 실전 대화하기

TIP! 바에서 처음 만난 사람과 대화하는 상황입니다.
상대방의 공간을 배려하며 대화해보세요.

A	**May I sit here?**	여기 앉아도 될까요?
B	**Of course, go ahead.**	네, 괜찮습니다.
A	**It feels a bit tight.**	조금 좁은 느낌이네요.
B	**I'll shift a bit.**	제가 좀 움직일게요.

공유 오피스에서
Coworking Space

반복 학습 체크 포인트 ✓○○○○○

Real Talk 바로 쓸 수 있는 핵심 표현 익히기

Need more room?	공간이 더 필요하세요?
I'll keep my distance.	거리 두겠습니다.
Let's spread out.	조금 넓게 자리 잡죠.
Am I too close?	제가 너무 가까운가요?
Personal space is important.	개인 공간은 중요합니다.

Real-Life Dialogue 상황별 실전 대화하기

TIP: 공유 오피스에서 옆자리 동료와 대화하는 상황입니다.
적절한 거리를 유지하며 대화해보세요.

A	**These desks feel close.**	책상이 좀 가깝네요.
B	**Need more room?**	공간이 더 필요하세요?
A	**Yes, if that's okay.**	네, 괜찮으시면요.
B	**I'll move my chair.**	내가 의자를 옮길게요.

브런치 카페에서
Brunch Cafe

반복 학습 체크 포인트 ✓○○○○○

Real Talk	바로 쓸 수 있는 핵심 표현 익히기

Let's find a quieter spot.	조용한 자리로 가죠.
Is this too close?	너무 가깝나요?
Want some privacy?	프라이버시가 필요하세요?
Is this spot better?	여기가 더 나을까요?
Enough space here?	공간 충분한가요?

Real-Life Dialogue	상황별 실전 대화하기

TIP! 카페에서 중요한 대화를 나누는 상황입니다.
프라이버시를 고려하며 대화해보세요.

A	This table feels exposed.	이 테이블이 좀 오픈됐네요.
B	Let's find a quieter spot.	조용한 자리로 가죠.
A	Yes, that would be great.	네, 그러면 좋겠어요.
B	I know a good spot.	좋은 자리 알아요.

힙한 식당에서
Trendy Restaurant

반복 학습 체크 포인트 ✓○○○○○

Real Talk　　**바로 쓸 수 있는 핵심 표현 익히기**

It feels a bit tight.	조금 좁네요.
Do you have room?	공간 괜찮으세요?
Is this too tight?	여기가 너무 좁나요?
Want a different seat?	다른 자리 원하세요?
Are you comfortable here?	여기 편하세요?

Real-Life Dialogue　　**상황별 실전 대화하기**

TIP! 붐비는 식당에서 자리를 잡는 상황입니다.
서로의 편안함을 고려하며 대화해보세요.

A	**These tables are quite close.**	테이블이 꽤 가깝네요.
B	**Do you have room?**	공간 괜찮으세요?
A	**It feels a bit tight.**	조금 좁네요.
B	**Let's ask for another.**	다른 자리 요청해볼까요?

아트 갤러리에서
Art Gallery

반복 학습 체크 포인트 ✅○○○○○

| Real Talk | 바로 쓸 수 있는 핵심 표현 익히기 |

How about here?	여긴 어때?
Want to step back?	조금 뒤로 갈까요?
See better now?	더 잘 보이나요?
Good spot?	자리 괜찮나요?
Do we have space?	공간 충분한가요?

| Real-Life Dialogue | 상황별 실전 대화하기 |

TIP! 작품을 함께 감상하는 상황입니다.
적절한 거리를 유지하며 대화해보세요.

A	This piece looks interesting.	이 작품 흥미롭네요.
B	Want to step back?	조금 뒤로 갈까요?
A	Yes, we'll see more.	네, 그러면 더 잘 보이겠어요.
B	Good idea, let's move.	좋은 생각이에요, 옮기죠.

Please respect my personal space and comfort.

제 개인적인 공간과 편안함을 존중해주세요.

→ Let's keep space, okay?

거리를 유지합시다, 어때요?

We should keep a good distance while talking.

대화할 때 적당한 거리를 유지해야 해요.

→ Give me some room.

공간 좀 주세요.

Eye contact builds trust and connection.

눈맞춤은 신뢰와 유대감을 만듭니다.

→ Look at me, trust me.

날 보고, 믿어요.

A good talk needs space and focus.

좋은 대화에는 공간과 집중이 필요해요.

→ Stay close, but not too close.

가까이 있지만 너무 가깝진 않게요.

Respecting space strengthens relationships.

공간을 존중하면 관계가 더 좋아져요.

→ Good space, good friends.

좋은 공간이 좋은 친구를 만들어요.

Real Talk 3·5

1   편히 앉으세요.

2   공간이 더 필요하세요?

3   제가 너무 가까운가요?

4   개인 공간은 중요합니다.

5   프라이버시가 필요하세요?

6   여기가 더 나을까요?

7   조금 좁네요.

8   여기 편하세요?

9   조금 뒤로 갈까요?

10   자리 괜찮나요?

Real-Life Dialogue 3·5

A   _____

B   Of course, go ahead.

A   It feels a bit tight.

B   I'll shift a bit.

A   This table feels exposed.

B   _____

A   Yes, that would be great.

B   I know a good spot.

답 | 1 Take your space. 2 Need more room? 3 Am I too close? 4 Personal space is important. 5 Want some privacy? 6 Is this spot better? 7 It feels a bit tight. 8 Are you comfortable here? 9 Want to step back? 10 Good spot? A May I sit here? B Let's find a quieter spot.

235

이름을 부를 때 마음이 열린다

우리는 누군가와 대화를 나눌 때 자연스럽게 이름을 부르게 됩니다. 그런데 이때 이름을 정확하게 발음하는 것이 얼마나 중요한지에 대해 깊이 생각해본 적이 있으신가요? 이름을 틀리게 부르는 것은 단순히 실수일 수도 있습니다. 하지만 그것을 고치려는 노력이 없다면, 상대방에게는 마치 "Your name is not important enough for me to remember.(네 이름을 기억할 가치조차 없을 정도로, 넌 나에게 하찮다.)"라고 말하는 것처럼 느껴질 수도 있습니다.

반대로, 상대의 이름을 정확히 부르는 것은 가장 기본적이면서도 강력한 존중의 표현이 됩니다. "Names are the gateway to our identity.(이름은 우리 정체성의 입구이자, 핵심 연결고리입니다.)"라는 말처럼, 이름은 그 사람의 일부이자 정체성이기 때문이죠. 이름 속에는 부모의 사랑과 기대, 문화적 배경, 그리고 그 사람만의 특별한 의미가 담겨 있습니다.

특히, 다양한 문화적 배경을 가진 사람들이 함께 어울려 살아가는 글로벌 시대에서는 이름을 정확하게 발음하는 것이 더욱 중요해졌습니다. 이름을 존중하는 태도가 곧 서로의 문화와 배경을 이해하려는 태도로 이어진다고 볼 수 있습니다. 따라서 새로운 사람을 만났을 때는 처음부터 상대방의 이름을 정확하게 발음하려고 노력해야 합니다. 혹시 자신이 올바르게 발음하고 있는지 확신이 서지 않는다면, 이렇게 물어볼 수 있습니다. "Did I pronounce your name right?(제가 당신의 이름을 정확히 발음했나요?)" 혹은 "Can you help me say your name correctly?(당신의 이름을 정확히 발음할 수 있도록 도와주시겠어요?)" 이러한 간단한 질문을 통해 상대방을 존중하는 태도를 보여줄 수 있으며, 더 나아가 관계를 더욱 가깝게 만들 수 있습니다.

만약 상대방의 이름을 틀리게 발음했다면, 당황하기보다는 진심 어린 태도로 다시 배우려는 자세가 중요합니다. "I'm sorry, I want to get it right. Can you say it again for me?(미안해요, 정확히 부르고 싶어요. 다시 한번 말해줄 수 있나요?)"라고 정중하게 요청하거나, "Thanks for correcting me! I'll remember it now.(바로 잡아줘서 고마워요! 이제 확실히 기억할게요.)"라고 말하며 다시 한 번 주의를 기울이면 됩니다.

우리는 때때로 작은 행동이 상대방에게 미치는 영향을 과소평가하지만, 사실 상대의 이름을 올바르게 부르는 것만으로도 그 사람이 소중한 존재라는 것을 표현할 수 있습니다. 상대가 "Your name matters to me.(당신의 이름은 저에게 중요합니다.)"라는 마음을 느낀다면 자연히 마음을 열고 한 걸음 더 다가오게 될 것입니다.

브런치 카페에서의 첫 만남
Brunch Cafe Meeting

반복 학습 체크 포인트 ✓○○○○○

Real Talk | **바로 쓸 수 있는 핵심 표현 익히기**

How do I say that?	그거 어떻게 발음하죠?
Can you say that again?	다시 말해줄 수 있나요?
Nice name!	이름이 정말 예쁘네요!
Let me try.	제가 한번 해볼게요!
Did I get it right?	제대로 발음했나요?

Real-Life Dialogue | **상황별 실전 대화하기**

TIP! 새로운 친구를 소개받은 브런치 카페에서의 대화입니다.
외국인 이름을 정확히 발음하려 노력하는 모습을 보여주세요.

A Hi, I'm Mei.   안녕하세요, 저는 메이예요.

B Oh, Nice name!   와, 이름이 정말 예쁘네요!

A Thanks! You can just say 'May.'
   고마워요! 그냥 '메이'라고 부르면 돼요.

B Got it, May. Nice to meet you! 알겠어요, 메이. 만나서 반가워요!

루프탑 바에서의 소개
Rooftop Bar Introduction

반복 학습 체크 포인트 ✅○○○○○○

Real Talk　　바로 쓸 수 있는 핵심 표현 익히기

Cool name!	정말 멋진 이름이네요!
Say it slowly, please.	천천히 말해줄 수 있나요?
I really like your name.	이름이 정말 마음에 들어요!
Show me how.	어떻게 발음하는지 알려줄래요?
One more time?	한 번 더 말해줄 수 있나요?

Real-Life Dialogue　　상황별 실전 대화하기

TIP! 친구의 친구를 만나는 첫 자리입니다.
베트남 이름의 발음을 배우려 적극적으로 노력해보세요.

A **Hey, I'm Tam.**　　안녕하세요, 저는 탐이에요.

B **Cool name!**　　와, 정말 멋진 이름이네요!

A **Thanks! Want me to show you?**
고마워요! 발음하는 방법 보여드릴까요?

B **Yes, that'd be great!**　　네, 알려주시면 좋겠어요!

Section
3

스타벅스 주문 카운터
Starbucks Order Counter

반복 학습 체크 포인트 ✓○○○○○

| Real Talk | **바로 쓸 수 있는 핵심 표현 익히기** |

Your name, please? 성함이 어떻게 되세요?

Can you spell it? 철자가 어떻게 되나요?

Is this right? 이렇게 쓰면 맞나요?

Sorry, what was your name? 죄송한데, 성함이 뭐였죠?

Got it, thanks! 알겠어요. 감사합니다!

| Real-Life Dialogue | **상황별 실전 대화하기** |

TIP! 바쁜 카페에서 주문을 받고 있는 상황입니다.
낯선 이름도 정확히 받아적으려 신경 써주세요.

A **Coffee for Jin.** 진이라는 이름으로 커피 주문했어요.

B **Can you spell it?** 철자가 어떻게 되나요?

A **J-I-N.** J-I-N이요.

B **Alright, got it. Thanks, Jin!** 네, 알겠어요. 감사합니다, 진!

칵테일 파티 네트워킹
Cocktail Party Networking

반복 학습 체크 포인트 ✓○○○○○○

| Real Talk | 바로 쓸 수 있는 핵심 표현 익히기 |

Great to meet you!   만나서 정말 반가워요!

Sorry, what was your name again?   죄송한데, 성함이 뭐였죠?

Can you help me with that?   도와주실 수 있나요?

Let me try again.   제가 다시 해볼게요!

Perfect, I got it!   알겠어요! 완벽하게 이해했어요!

| Real-Life Dialogue | 상황별 실전 대화하기 |

TIP! 비즈니스 네트워킹 파티에서 새로운 파트너를 만났습니다.
아일랜드식 이름의 발음을 배우며 관계를 쌓아보세요.

A **Hey, call me Sean.**   안녕하세요, 숀이라고 불러주세요.

B **Let me try again. Is it like 'Shawn'?**

제가 다시 해볼게요. '숀'처럼 발음하면 되나요?

A **Yeah, exactly!**   네, 맞아요!

B **Got it! Nice to meet you, Sean.**   알겠어요! 만나서 반가워요, 숀.

공항 라운지 만남

Airport Lounge Meeting

반복 학습 체크 포인트 ⏱○○○○○

Real Talk   **바로 쓸 수 있는 핵심 표현 익히기**

Love your name!	이름이 정말 멋져요!
Say it again?	다시 한 번 말해줄래요?
Is that a local name?	그거 이 지역 이름인가요?
Can you teach me?	배우게 도와줄 수 있나요?
Got it now!	이제 알겠어요!

Real-Life Dialogue   **상황별 실전 대화하기**

TIP! 해외 출장 중 라운지에서 우연히 만난 비즈니스 동료와의 대화입니다.
처음 듣는 이름에 대해 관심을 보이며 대화를 이어가보세요.

A	Hi, I'm Jordan Kim.	안녕하세요, 저는 조던 킴이에요.
B	Love your name!	이름이 정말 멋져요!
A	Thanks! I get that a lot.	고마워요! 자주 듣는 말이에요.
B	It really stands out.	진짜 눈에 띄는 이름이네요.

242

I think these subtitles have some translation mistakes.

이 자막에 번역 오류가 있는 것 같아.

→ These subtitles are wrong.

이 자막 틀렸어.

When ordering coffee, try to make it simple and clear.

커피 주문할 때 간단하고 명확하게 해.

→ Please order your coffee simply.

커피를 간단하게 주문해.

**The hashtags you're using seem outdated
and were popular last year.**

네가 쓰는 해시태그가 작년에 유행했었고, 지금은 오래된 것 같아.

→ Your hashtags are outdated.

네 해시태그 오래됐어.

**Sorry to bother you, but my phone is dead.
Could I borrow your charger?**

실례하지만, 내 휴대폰 배터리가 다 됐어. 충전기 좀 빌릴 수 있을까?

→ My phone died. Need charger.

폰 꺼졌어. 충전기가 필요해.

**For some reason, this playlist feels more emotional
tonight than usual.**

왠지 모르겠지만, 오늘 밤 이 플레이리스트가 평소보다 더 감성적으로 느껴져.

→ This playlist feels different.

이 플레이리스트 느낌이 달라.

243

3초 5단어 연습해보기 3·5 REVIEW

Real Talk 3·5

1. 그거 어떻게 발음하죠?
2. 이름이 정말 예쁘네요!
3. 어떻게 발음하는지 알려줄래요?
4. 성함이 어떻게 되세요?
5. 철자가 어떻게 되나요?
6. 만나서 정말 반가워요!
7. 죄송한데, 성함이 뭐였죠?
8. 제가 다시 해볼게요!
9. 다시 한 번 말해줄래요?
10. 이제 알겠어요!

Real-Life Dialogue 3·5

A Hey, I'm Tam.

B _____

A Thanks! Want me to show you?

B Yes, that'd be great!

A Hi, I'm Jordan Kim.

B _____

A Thanks! I get that a lot.

B It's really stands out.

답 | 1 How do I say that? 2 Nice name! 3 Show me how. 4 Your name. 5 Can you spell it?
6 Great to meet you! 7 Sorry, what was your name again? 8 Let me try again. 9 Say it again? 10 Got it
now! B Cool name. B Love your name!

244

사과는 책임 있게 하라

"Own it. Fix it. Move on." (상황을 인정하고, 고치고, 앞으로 나아가라.)

우리가 살아가면서 크고 작은 실수를 피할 수는 없습니다. 직장에서 동료와 의견 충돌이 생길 수도 있고, 친구에게 무심코 상처 주는 말을 할 수도 있으며, 가족에게 서운한 행동을 하게 되기도 하죠. 중요한 것은 이런 실수를 한 뒤에 대응하는 방법입니다. 많은 사람이 실수를 인정하기 어렵다고 느낍니다. 그러나 자신의 잘못을 감추거나 변명으로 얼버무리게 되면 뒤늦게 사과를 하더라도 제대로 전해지기 어렵습니다.

반면 솔직하고 책임감 있는 사과는 관계를 회복하고 신뢰를 쌓는 강력한 힘이 있습니다. 데일 카네기Dale Carnegie는 이렇게 말했습니다. "When you are wrong, admit it quickly and emphatically.(당신이 틀렸을 때, 단호하게 인정하라.)" 이처럼 사과는 빠르고 명확하게 해야 합니다. "It's my fault.(내 잘못이야.)", "Sorry, I messed up.(미안해, 실수했어.)", "I'll fix it now.(지금 바로 고칠게.)" 이 짧은 문장들은 변명하지 않고 자신의 실수를 솔직하게 인정하는 표현입니다.

이처럼 진정한 사과를 전하기 위해서는 세 가지 원칙을 지켜야 합니다. 첫째, 변명하지 말고 인정하는 것이 먼저입니다. "I'm sorry, but I didn't mean it.(미안해. 하지만 그런 의도는 아니었어.)"보다는 "I'm sorry. It was my mistake.(미안해, 내 실수야.)"라고 말해야 진정성이 전해집니다. "but(하지만)"이라는 단어가 들어가는 순간, 사과가 아니라 변명이 됩니다.

둘째, 말로만 사과하는 것이 아니라, 책임지는 모습을 보여야 합니다. "I'm sorry. I won't do it again.(미안해. 다시는 안 그럴게.)"보다는 "I'm sorry. How can I make it better?(미안해. 어떻게 하면 나아질까?)"라고 말해보세요. 진정한 사과는 재발 방지를 위한 행동으로 이어져야 합니다.

셋째, 상대방의 감정을 이해하고 배려해야 합니다. "Fine, I said sorry. Happy now?(알겠어, 사과했잖아. 이제 됐어?)"가 아니라, "I see why you're upset. I'm really sorry.(네가 왜 속상한지 알겠어. 정말 미안해.)"라고 진심으로 공감을 표하는 것입니다.

진심 어린 사과는 상대방의 마음을 풀어주고, 나아가 더 깊은 신뢰를 쌓을 수 있는 기회가 될 수 있습니다. 그러니 다음에 사과해야 할 순간이 온다면, 변명과 핑계를 먼저 생각하기보다 짧지만 강력한 한마디를 떠올려보세요. "It's my fault. I'm sorry.(내 잘못이야. 정말 미안해.)" 이 한마디는 상처 입은 관계를 회복하는 가장 좋은 출발점이 되어줄 것입니다.

사소한 실수를 했을 때
Small Mistakes

반복 학습 체크 포인트 ✔○○○○○

| Real Talk | 바로 쓸 수 있는 핵심 표현 익히기 |

Time got away from me.	시간 가는 줄 몰랐어요.
That's on me!	제 실수예요!
I should have called.	알려줬어야 했어요.
Let me fix this.	이 문제 내가 해결할게요.
I'm really sorry about this.	정말 죄송합니다.

| Real-Life Dialogue | 상황별 실전 대화하기 |

TIP! 약속 시간에 늦은 친구에게 미안함을 표현하는 상황입니다.
진심 어린 사과와 함께 해결책을 제시해보세요.

A	You're super late again.	너 또 엄청 늦었잖아.
B	Time got away from me.	시간 가는 줄 몰랐어.
A	I was waiting forever.	진짜 한참 기다렸어.
B	I owe you one.	너한테 빚졌다.

감정을 상하게 했을 때
Hurt Feelings

반복 학습 체크 포인트 ✓○○○○○

Real Talk　　**바로 쓸 수 있는 핵심 표현 익히기**

I wasn't thinking.

제가 생각이 짧았어요.

I didn't mean to upset you.

기분 상하게 하려던 건 아니었어요.

I shouldn't have said that.

그런 말 하지 말았어야 했어요.

I spoke without thinking.

생각 없이 말했어요.

I feel awful about this.

정말 마음이 안 좋아요.

Real-Life Dialogue　　**상황별 실전 대화하기**

TIP: 친구에게 무심코 한 말로 상처를 준 후 사과하는 상황입니다.
감정을 인정하고 진심 어린 사과를 표현해보세요.

A　**Hey, about what I said earlier…**　저기, 아까 내가 한 말 있잖아…

B　**Yeah, that really upset me.**　응, 그거 좀 상처받았어.

A　**I wasn't thinking. I feel awful about this.**

내가 생각이 짧았어. 정말 미안해.

B　**I appreciate you saying that.**　그렇게 말해줘서 고마워.

Section 3

직장이나 팀에서의 실수
Workplace Mistakes

반복 학습 체크 포인트 ✓○○○○○

바로 쓸 수 있는 핵심 표현 익히기

It's completely my fault.	전적으로 제 잘못입니다.
I messed up.	제가 실수했습니다.
I'll fix this right away.	즉시 바로잡겠습니다.
It won't happen again.	다시는 이런 일이 없을 겁니다.
I'll do better next time.	다음번엔 더 잘하겠습니다.

상황별 실전 대화하기

TIP! 업무 중 중요한 마감일을 놓친 상황입니다.
책임감 있게 사과하고 해결 방안을 제시해보세요.

A	You missed the deadline.	기한 놓쳤잖아요.
B	It won't happen again.	다시는 이런 일 없을 겁니다.
A	It better not.	그러길 바랍니다.
B	I'll prove it.	증명해 보이겠습니다.

가족 간의 오해
Family Misunderstandings

반복 학습 체크 포인트 ✓○○○○○

Real Talk | **바로 쓸 수 있는 핵심 표현 익히기**

I should've heard you out.	좀 더 잘 들었어야 했어요.
I got the wrong idea.	제가 오해했어요.
I wasn't thinking clearly.	제대로 생각을 못했어요.
Can we try again?	다시 시작할 수 있을까요?
You're really important to me.	넌 나한테 정말 소중해.

Real-Life Dialogue | **상황별 실전 대화하기**

TIP! 가족 간의 대화에서 발생한 오해를 풀어가는 상황입니다.
진정성 있는 사과로 관계를 회복해보세요.

A	**I didn't mean to hurt you.**	널 상처 주려던 건 아니야.
B	**You're really important to me.**	넌 나한텐 정말 소중해.
A	**I know... I'm sorry.**	알아... 미안해.
B	**Let's start fresh.**	처음부터 다시 시작하자.

친구와 약속을 어겼을 때
Breaking Promises

반복 학습 체크 포인트 ✓○○○○○

Real Talk   바로 쓸 수 있는 핵심 표현 익히기

I messed up, I'm sorry.	내가 실수했어, 미안해.
I didn't keep my word.	내가 약속을 지키지 못했어.
I got tied up.	일이 몰려서 바빴어.
I should've put this first.	이걸 우선했어야 했어.
I hope you can forgive me.	용서해줄 수 있겠어?

Real-Life Dialogue   상황별 실전 대화하기

TIP! 오랫동안 계획했던 친구와의 약속을 어긴 후의 상황입니다.
책임을 인정하고 관계 회복을 위해 노력해보세요.

A	You didn't show up.	너 안 왔잖아.
B	I got tied up.	일이 몰려서 바빴어.
A	You could've texted me.	그럼 문자라도 줬어야지.
B	You're right. I'm sorry.	네 말이 맞아. 미안해.

I'll do something to make it up to you.
내가 보상할게.

→ I'll make it right.
내가 해결할게.

I know that was really insensitive of me.
그게 내가 너무 배려 없었던 거 알아.

→ I was so rude.
내가 너무 무례했어.

I'll fix everything as soon as possible.
최대한 빨리 고칠게요.

→ I'll fix it now.
지금 바로 고칠게.

I misunderstood what you were trying to say.
네가 하려던 말을 내가 오해했어.

→ I got it wrong.
내가 오해했어.

I feel bad for canceling our plans.
약속 취소해서 미안해.

→ Sorry I canceled.
약속 취소해서 미안.

Real Talk 3·5

1　제 실수예요!

2　이 문제 내가 해결할게요.

3　제가 생각이 짧았어요.

4　정말 마음이 안 좋아요.

5　전적으로 제 잘못입니다.

6　제가 실수했습니다.

7　제가 오해했어요.

8　다시 시작할 수 있을까요?

9　일이 몰려서 바빴어.

10　용서해줄 수 있겠어?

Real-Life Dialogue 3·5

A　You're super late again.

B　_____

A　I was waiting forever.

B　I owe you one.

A　You didn't show up.

B　_____

A　You could've texted me.

B　You're right. I'm sorry.

답 1 That's on me! 2 Let me fix this. 3 I wasn't thinking. 4 I feel awful about this. 5 It's completely my fault. 6 I messed up. 7 I got the wrong idea. 8 Can we try again? 9 I got tied up. 10 I hope you can forgive me. B Time got away from me. B I got tied up.

폭탄은 피하고 안전한 대화를 이끄는 법

대화를 나누다 보면 어떤 화제 때문에 분위기가 어색해질까 봐 걱정스러울 때가 있습니다. "이 말을 하면 분위기가 싸해지지 않을까?" 혹은 "괜한 논쟁을 불러일으키는 것은 아닐까?"라는 고민은 아주 자연스러운 일입니다. 실제로 논쟁성이 강한 주제를 잘못 던지면 분위기가 단숨에 냉각될 수도 있습니다. 특히 처음 만나는 사람이나 업무적인 자리에서는 '안전한 대화(Soft Topics)'을 유지하는 것이 관계를 원만하게 형성하는 데 큰 도움이 됩니다.

특히 영어를 처음 배우는 분들에게는 대화에서 안전한 주제를 선택하는 것이 더욱 중요합니다. 영어 실력을 키우는 가장 좋은 방법은 대화를 많이 해보는 것이지만, 만약 논쟁적인 주제로 인해 대화가 끊긴다면 오히려 자신감을 잃을 수도 있습니다. 이럴 땐 "That's a new idea!(새로운 생각이네요!)", "Oh, I never thought of that!(오, 그건 생각 못 했어요!)"처럼 상대방의 의견을 존중하는 부드러운 표현으로 자연스럽게 대화를 이어가면 좋습니다.

그렇다면 대화를 더욱 즐겁게 만들기 위해서는 어떤 주제를 선택하는 것이 좋을까요? 안전한 대화 주제로는 음식과 좋아하는 요리, 취미와 재미있는 활동, 여행과 가고 싶은 곳, 영화나 드라마 같은 주제가 있습니다. 이러한 주제는 대부분의 사람들이 부담 없이 이야기할 수 있으며, 공통 관심사를 쉽게 찾을 수 있는 좋은 대화 소재가 됩니다. 반면 정치, 종교, 돈과 연봉, 외모와 몸매 같은 주제는 민감할 수 있기 때문에 피하는 것이 좋습니다.

만약 누군가 논쟁적인 주제를 꺼냈을 때는 직설적으로 "That's a bad topic.(그건 별로 좋은 주제가 아니네요.)"라고 말하기보다 "Let's talk about fun things!(재미있는 얘기를 해볼까요?)", "Do you like movies?(영화 좋아하세요?)", "Tell me about your hobby?(취미가 뭐예요?)"와 같은 표현으로 대화의 흐름을 돌려보는 것도 하나의 팁이죠.

대화에서 가장 중요한 것은 상대방을 존중하는 태도입니다. 강한 의견을 피하고, 친절한 미소와 함께 부드러운 분위기를 유지하며, 안전한 주제로 대화를 이어가면 편안한 분위기에서 소통이 이어질 수 있습니다.

논쟁보다는 공감이 더욱 큰 힘을 가집니다. 상대방의 의견을 존중하고 열린 마음으로 소통할 때, 대화는 더욱 풍부하고 의미 있는 시간이 될 것입니다. 영어를 배울 때도 마찬가지입니다. 완벽한 문장을 구사하려고 긴장하기보다는, 자연스럽게 소통하는 연습을 하는 것이 더 중요합니다. 부담을 내려놓고, 안전한 주제 속에서 편안한 대화를 이어가보세요!

스포츠 경기 관람
Watching Sports

반복 학습 체크 포인트 ✓○○○○○

Real Talk 바로 쓸 수 있는 핵심 표현 익히기

Let's chat about fun stuff!	재미있는 얘기하자!
Got it.	네 말 이해해.
Who's your team?	어느 팀 응원해?
Love live games!	라이브 경기가 최고라니까!
Sports bring us together.	스포츠가 사람을 하나로 모아줘.

Real-Life Dialogue 상황별 실전 대화하기

TIP! 스포츠 경기 관람에 대해 이야기하는 상황입니다.
논쟁을 피하고 즐거운 대화를 이어가보세요.

A	Enjoying the game?	경기 어때?
B	Not my team.	내 팀 아니야.
A	Got it.	이해해.
B	I prefer basketball.	난 농구가 더 좋아.

음악 페스티벌
Music Festivals

반복 학습 체크 포인트 ✓○○○○○

Real Talk	바로 쓸 수 있는 핵심 표현 익히기

Interesting! Tell me more.	재미있네! 더 말해줘.
What's your go-to genre?	가장 좋아하는 장르는?
Never been there.	거기 가본 적 없어.
Bet the vibe was great!	분위기 끝내줬겠다!
Music connects us all.	음악은 우리 모두를 연결해.

Real-Life Dialogue	상황별 실전 대화하기

TIP! 음악 취향에 대해 이야기하는 상황입니다.
서로 다른 취향을 존중하며 대화해보세요.

A	**Rock music is the best!**	록 음악이 최고야!
B	**I prefer K-pop.**	난 케이팝이 더 좋아.
A	**Interesting! Tell me more.**	재밌다! 더 자세히 들려줘.
B	**BTS is my favorite.**	난 BTS 팬이야.

여행 경험

Travel Experiences

반복 학습 체크 포인트 ✔○○○○○

Real Talk | **바로 쓸 수 있는 핵심 표현 익히기**

Where have you traveled?	어디 가봤어?
Dream destination!	정말 가보고 싶은 곳이네!
Local food is amazing.	현지 음식이 최고라니까.
Love adventure trips?	모험 여행 좋아해?
Any cool hobbies?	취미가 뭐야?

Real-Life Dialogue | **상황별 실전 대화하기**

TIP! 여행 경험에 대해 이야기를 나누는 상황입니다.
호기심을 가지고 상대방의 이야기에 관심을 보여주세요.

A	**Been abroad?**	해외여행 가봤어?
B	**Not yet. Hoping for Europe.**	아직. 유럽에 가보고 싶어.
A	**Any cool hobbies?**	취미가 뭐야?
B	**I love planning trips.**	여행 계획 세우는 거 좋아해.

영화와 드라마
Movies and TV Shows

반복 학습 체크 포인트 ☑○○○○○

Real Talk   **바로 쓸 수 있는 핵심 표현 익히기**

Favorite movie?   가장 좋아하는 영화는 뭐야?

Just saw that!   나도 그거 봤는데!

Amazing storyline!   스토리가 끝내주었다니까!

Into action movies?   액션 영화 좋아해?

Let's keep it fun!(=Let's talk about fun things.)   재미있는 얘기하자!

Real-Life Dialogue   **상황별 실전 대화하기**

TIP! 영화 취향에 대해 대화하는 상황입니다.
대화를 자연스럽게 이어가보세요.

A   **What's your movie taste?**   네 영화 취향은 뭐야?

B   **Amazing storyline!**   스토리가 끝내줘야 해!

A   **Action or drama?**   액션이 좋아, 드라마가 좋아?

B   **As long as it's amazing!**   끝내주기만 하면 돼!

요리와 음식
Cooking and Food

반복 학습 체크 포인트 ✓○○○○○

바로 쓸 수 있는 핵심 표현 익히기

Favorite food?	어떤 음식 좋아해?
Trying to cook more.	요리를 더 해보려고 해.
Cook at home?	집에서 요리해?
Sounds delicious!	진짜 맛있겠다!
Into food shows?	음식 방송 좋아해?

상황별 실전 대화하기

TIP: 음식 취향에 대해 이야기하는 상황입니다.
공통 관심사를 찾아 대화를 즐겁게 이어가보세요.

A	**Spicy food is the best!**	난 매운 음식이 최고야!
B	**Can't handle spicy.**	난 매운 거 전혀 못 먹는데.
A	**Into food shows?**	너 음식 방송 좋아해?
B	**Love them!**	완전 좋아하지용!

I prefer different teams than you.

난 네가 좋아하는 것과 다른 팀을 응원해.

→ We all like different teams.

우리 모두 응원하는 팀이 다르지.

I don't really like that kind of music at all.

난 그런 종류의 음악은 전혀 안 좋아해.

→ Not my style, but cool.

내 스타일은 아니지만 좋네.

That country is not a good place to visit.

그 나라는 방문하기 좋은 곳이 아니야.

→ Every place has its charm.

모든 곳엔 매력이 있지.

That movie was a complete waste of time.

그 영화는 완전히 시간 낭비였어.

→ Not my thing, but okay.

내 취향은 아니지만 괜찮아.

How can you eat that? It looks terrible.

그걸 어떻게 먹어? 끔찍해 보여.

→ Not for me, but enjoy!

내 취향은 아니지만 맛있게 먹어!

Real Talk 3·5

1 네 말 이해해.

2 어느 팀 응원해?

3 가장 좋아하는 장르는?

4 분위기 끝내줬겠다!

5 어디 가봤어?

6 현지 음식이 최고라니까.

7 가장 좋아하는 영화는 뭐야?

8 나도 그거 봤는데!

9 어떤 음식 좋아해?

10 진짜 맛있겠다!

Real-Life Dialogue 3·5

A **Rock music is the best!**

B **I prefer K-pop.**

A _____

B **BTS is my favorite.**

A **Spicy food is the best!**

B **Can't handle spicy.**

A _____

B **Love them!**

답 | 1 Got it. 2 Who's your team? 3 What's your go-to genre? 4 Bet the vibe was great! 5 Where have you traveled? 6 Local food is amazing. 7 Favorite movie? 8 Just saw that! 9 Favorite food? 10 Sounds delicious! A Interesting! Tell me more. A Into food shows?

의심스러울 때는 부드럽게 반문하라

대화를 나누다 보면 상대방의 의견에 완전히 동의하기 어려운 순간을 마주하게 됩니다. "이건 아닌 것 같은데…" 혹은 "이 정보가 정확한가?"라는 생각이 들더라도, 이를 어떻게 표현해야 할지 고민이 될 때가 많습니다. 상대방의 말을 곧바로 반박하면 대화의 분위기가 경직될 수 있지만, 그렇다고 무조건 동의하는 것도 바람직하지 않습니다. 이럴 때 유용한 표현이 바로 "확실해?"입니다. 영어에서도 "Are you sure?(정말 확신해?)" 같은 간단한 질문을 활용하면 상대방을 존중하면서도 자연스럽게 의문을 제기할 수 있습니다.

중요한 것은 누구의 말이 맞다고 싸우는 것이 아니라, 서로의 생각을 공유하고 더 깊이 있는 이해에 도달하는 것입니다. 이런 점에서 "Do you really think so?(정말 그렇게 생각해?)" 같은 부드러운 질문은 상대방이 자신의 주장을 다시 한 번 점검할 기회를 제공하면서도, 대화의 분위기를 원만하게 유지하는 데 도움이 됩니다.

특히 영어를 배우는 분들에게 이러한 부드러운 의심 표현은 더욱 중요합니다. 문화적 차이로 인해 직설적인 반박이 무례하게 받아들여질 수도 있기 때문입니다. 논쟁을 피하면서도 자신의 의문을 표현하는 효과적인 방법으로 '3초 생각하기, 5단어로 말하기' 원칙을 활용해보세요. 즉, 상대방의 의견에 즉각적으로 반응하기보다 잠시 3초 동안 생각한 후, 5단어 이내의 짧은 표현을 사용하면 감정적으로 반응하지 않고 차분하게 대화를 이어갈 수 있습니다.

만약 대화의 흐름이 어색해지거나 긴장감이 감돌 경우, 다음과 같은 부드러운 표현들을 활용해보는 것도 좋습니다. "I'd love to hear more.(좀 더 듣고 싶어요.)", "That's an interesting thought.(흥미로운 생각이네요.)", "Can you explain that more?(좀 더 설명해줄 수 있나요?)", "I hadn't thought of it that way.(그렇게는 생각해본 적이 없네요.)" 이러한 표현들은 상대방의 의견에 완전히 동의하지 않더라도 상대방을 존중하면서 대화를 이어가는 데 큰 도움이 됩니다.

사람마다 경험과 가치관이 다르기 때문에 모두의 의견이 일치할 수는 없습니다. 하지만 의견 차이가 있다고 해서 대화를 단절하거나 불필요한 갈등을 일으킬 필요도 없죠. 중요한 것은 서로 다른 관점을 공유하고 이해하는 것입니다. 상대방의 관점을 열린 마음으로 수용하고, 부드러운 의심을 통해 더욱 깊이 있는 대화를 만들어가는 것도 세계가 확장되는 즐거움입니다.

친구와 뉴스 기사에 대해 이야기할 때

Talking about news with a friend

반복 학습 체크 포인트 ✓○○○○○

| Real Talk | 바로 쓸 수 있는 핵심 표현 익히기 |

You sure?	확실한 거지?
Where did you hear that?	어디서 들었어?
That's interesting.	그것 참 흥미롭네.
Didn't see that one.	난 그 기사 못 봤어.
Let's check that.	같이 확인해보자.

| Real-Life Dialogue | 상황별 실전 대화하기 |

TIP! 친구와 건강 관련 뉴스에 대해 이야기하는 상황입니다.
직접적인 반박 대신 부드럽게 의문을 표현해보세요.

A　I heard coffee is bad for you.　커피가 몸에는 나쁘대.

B　You sure?　확실한 거지?

A　Well, I read it somewhere.　어디서 읽긴 했어.

B　Let's check that.　같이 확인해보자.

동료와 업무 회의 중

Talking during a work meeting

반복 학습 체크 포인트 ✓○○○○○

Real Talk	바로 쓸 수 있는 핵심 표현 익히기

Sure about that?   확실해?

Did we confirm?   확인해봤어?

I see it another way.   난 다르게 봐.

Can we check?   확인해볼 수 있을까?

Any other options?   다른 방법도 있어?

Real-Life Dialogue	상황별 실전 대화하기

TIP! 업무 마감일에 대해 이야기하는 상황입니다.
정중하게 의문을 제기해보세요.

A   **This project will be done next week.**

이 프로젝트 다음 주에 끝날 거야.

B   **Sure about that?**   확실해?

A   **Actually, I should check again.**   다시 확인해봐야겠네.

B   **Let's review the timeline.**   일정을 검토해보자.

Section 3

가족과 여행 계획을 세울 때
Planning a trip with family

반복 학습 체크 포인트 ✓○○○○○

Real Talk　　**바로 쓸 수 있는 핵심 표현 익히기**

That true?	정말이야?
Maybe check again.	다시 확인해보자!
I heard something else.	다르게 들었어.
Worth a second look.	다시 볼 만해.
Other options?	다른 것도 봐볼까?

Real-Life Dialogue　　**상황별 실전 대화하기**

TIP! 가족 여행을 계획하는 상황입니다.
호텔 선택에 관한 대화를 나눠보세요.

A	**This hotel has the best reviews!**	이 호텔 리뷰가 최고야!
B	**That true?**	정말이야?
A	**Let me double-check.**	다시 한 번 확인해볼게.
B	**I heard something else.**	난 다르게 들었는데.

영화 리뷰를 보고 친구와 대화할 때

Talking about a movie review
with a friend

반복 학습 체크 포인트 ✓○○○○○○

Real Talk　　바로 쓸 수 있는 핵심 표현 익히기

You think?	그렇게 생각해?
Critics don't always agree.	평론가들 의견이 다 다르지.
I heard good things too.	좋은 평도 들었어.
Let's just watch.	일단 보자.
Depends on taste.	취향 차이야.

Real-Life Dialogue　　상황별 실전 대화하기

TIP! 영화 선택에 관해 대화하는 상황입니다.
다른 의견을 존중하며 대화해보세요.

A	**This movie has terrible ratings.**	이 영화 평점 최악이래.
B	**You think?**	그렇게 생각해?
A	**I guess opinions are mixed.**	평가가 좀 갈리나봐.
B	**Let's just watch.**	일단 보자고.

음식 추천을 받을 때

Getting food recommendations

반복 학습 체크 포인트 ✓○○○○○

바로 쓸 수 있는 핵심 표현 익히기

For real?	진짜?
Some like it, some don't.	호불호가 갈려.
Is it good?	괜찮아?
Any other recommendations?	다른 추천 메뉴는요?
Let's give it a shot.	한번 먹어보자.

상황별 실전 대화하기

TIP! 식당 추천에 관한 대화입니다.
자연스럽게 의문을 표현해보세요.

A	This place has the best pizza.	여기 피자가 최고래!
B	For real?	진짜?
A	Let's try and see!	먹어보고 판단해보자!
B	I'm all in to try!	완전 먹어볼 준비 됐어!

I don't think that information is accurate or up-to-date.

그 정보가 정확하거나 최신인 것 같지는 않아.

→ Was that fact-checked?

사실 확인 됐어?

I'm not completely convinced that your approach will work for this project.

이 방식이 효과적일지 확신이 안 서.

→ Did we test this?

이거 테스트해봤어?

That destination might be too expensive for our budget this year.

그 여행지는 올해 우리 예산에 너무 비쌀 수도 있어.

→ Can we afford it?

예산 괜찮아?

I've heard completely different opinions about that movie from other people.

그 영화에 대해 완전히 다른 의견을 들었어.

→ People say different things.

사람들 반응이 다 다르던데.

I'm not sure if that restaurant is as good as you're describing.

그 식당이 네가 말한 만큼 좋은지 모르겠어.

→ Is it really that good?

진짜 그렇게 좋아?

Real Talk 3·5

1 같이 확인해보자.

2 확인해봤어?

3 다른 방법도 있어?

4 정말이야?

5 다시 확인해보자!

6 좋은 평도 들었어.

7 취향 차이야.

8 호불호가 갈려.

9 괜찮아?

10 한번 먹어보자.

Real-Life Dialogue 3·5

A I heard coffee is bad for you.

B _____

A Well, I read it somewhere.

B Let's check that.

A This movie has terrible ratings.

B _____

A I guess opinions are mixed.

B Let's just watch.

답 | 1 Let's check that. 2 Did we confirm? 3 Any other options? 4 That true? 5 Maybe check again. 6 I heard good things too. 7 Depends on taste. 8 Some like it, some don't. 9 Is it good? 10 Let's give it a shot. B You sure? B You think?

271

'먼저 하세요'라는 품격의 표현

"Respect is not about who goes first, but who lets others go first."
(존중은 누가 먼저 가느냐가 아니라, 누가 양보하느냐에 달려 있습니다.)

우리는 하루에도 몇 번씩 우선권을 다투는 순간을 맞이합니다. 엘리베이터 앞에서 먼저 탑승할지 사람들이 타는 것을 기다려줄지 결정하고, 카페에서 주문 순서를 양보할지 고민하며, 도로에서 차선을 변경할 때 누가 먼저 가야 할지 판단해야 하죠. 그런데 가끔 누군가가 부드러운 미소와 함께 "Go ahead.(먼저 하세요.)"라고 말해주면 어떤가요? 그 순간 공기가 한층 부드러워지고 대화의 온도가 3도쯤 올라가는 경험을 해본 적이 있을 것입니다. 이 작은 한마디 속에는 배려와 품격이 담겨 있습니다.

이러한 말은 상대방과의 관계를 결정짓는 중요한 요소가 되기도 합니다. 특히 처음 만나는 사람과의 대화에서 작은 양보의 한마디는 분위기를 부드럽게 만들고 긍정적인 관계를 형성하는 데 큰 역할을 합니다. 실제로 사람들은 자신을 배려하는 상대에게 호감을 느끼며, 비슷한 방식으로 배려를 돌려주고 싶어 하기 때문입니다.

상대방에게 양보하는 상황에서 단 3초 안에 빠르고 간결한 표현을 사용해보세요. "You can go first.(먼저 하세요.)", "Please, after you.(부디 먼저 하세요.)" 이처럼 상대에게 먼저 기회를 주면 자연스럽게 상대도 나에 대한 호감을 느끼고, 더 원활하고 친근한 대화를 나누게 됩니다. 영어를 처음 배우는 분들이라면 이렇게 짧고 쉬운 표현을 익혀두는 것이 더욱 중요합니다. 일상에서 바로 사용할 수 있는 표현인 만큼 의사소통이 한층 풍성해질 것입니다.

특히 공식적인 자리에서는 조금 더 공손한 표현을, 편안한 상황에서는 간단하고 가벼운 표현을 사용하면 더욱 효과적입니다. 우리말에서도 말투 하나로 상대에게 주는 인상이 달라지듯, 영어에서도 같은 의미를 조금 더 부드럽고 긍정적으로 표현할 수 있습니다. 작은 차이지만, 존중과 배려는 거창한 행동이 아니라 사소한 말 한마디로 전해집니다.

"I was here first!"(×) → "Go ahead, it's fine!"(○)

"Hurry up, please!"(×) → "Take your time."(○)

"You should wait!"(×) → "After you, no rush."(○)

배려는 우리가 가진 것 중 가장 쉽게 베풀 수 있는 선물입니다. 그러니 망설이지 말고 지금부터라도 "Go ahead, please.(먼저 하세요.)"라고 말해보세요!

카페에서 주문할 때
Ordering at a Cafe

반복 학습 체크 포인트 ✓○○○○○

Real Talk　　바로 쓸 수 있는 핵심 표현 익히기

Go ahead, please.	먼저 하세요.
No rush, take your time.	천천히 하세요.
No hurry, all good.	서두르지 마세요, 괜찮아요.
You're ahead of me.	당신이 먼저예요.
Still deciding, go ahead.	아직 고민 중이에요, 먼저 하세요.

Real-Life Dialogue　　상황별 실전 대화하기

TIP! 카페에서 주문할 때 우선권을 양보하는 상황입니다.
양보하는 표현으로 대화를 부드럽게 이어가보세요.

(메뉴를 고르느라 망설이는 중)

A　Go ahead, please.　　　먼저 하세요.

B　Oh, thank you!　　　오, 감사합니다!

A　No problem!　　　별말씀을요!

Section
2

문 앞에서 마주쳤을 때
Meeting at the Door

반복 학습 체크 포인트 ✔○○○○○

Real Talk   **바로 쓸 수 있는 핵심 표현 익히기**

After you, go ahead.	먼저 가세요.
Let me get that.	제가 열게요.
Go ahead, ladies first.	먼저 가세요, 숙녀 먼저입니다.
I got the door.	제가 문 잡고 있을게요.
Come on in, welcome.	어서 들어오세요. 환영합니다.

Real-Life Dialogue   **상황별 실전 대화하기**

TIP! 문 앞에서 서로 마주쳤을 때의 상황입니다.
우선권을 양보하는 대화를 자연스럽게 이어가보세요.

(문 앞에서 서로 멈칫)

A **After you, go ahead.**   먼저 가세요.

B **Oh, so kind of you!**   오, 정말 친절하시네요!

A **No worries!**   별말씀을요!

275

도로에서 차선 양보하기
Yielding on the Road

반복 학습 체크 포인트 ✓○○○○○

Real Talk 바로 쓸 수 있는 핵심 표현 익히기

Go ahead, merge in.	편하게 끼어드셔도 됩니다.
Go ahead, you're good.	먼저 가세요.
I got you, go ahead.	먼저 가세요, 괜찮아요.
No hurry, take your time.	천천히 하세요.
Stay safe, take care.	조심하세요.

Real-Life Dialogue 상황별 실전 대화하기

TIP! 도로에서 차선 변경 시 양보하는 상황입니다.
배려하는 마음으로 대화해보세요.

(차선 변경을 하려 하지만 어려움)

A	**Go ahead, merge in.**	편하게 끼어드셔도 됩니다.
B	**Wow, thanks a lot!**	와, 정말 감사합니다!
A	**Drive safe!**	안전 운전하세요!

회의에서 의견 나누기
Sharing Opinions in Meetings

반복 학습 체크 포인트 ✅○○○○○

Real Talk   바로 쓸 수 있는 핵심 표현 익히기

Let's hear your thoughts.	당신 의견부터 듣죠.
Want to start?	먼저 하시겠어요?
Love to hear your take.	당신 의견 듣고 싶어요.
Share your thoughts, please.	의견을 나눠주세요.
It's your turn, go ahead.	당신 차례예요, 말씀하세요.

Real-Life Dialogue   상황별 실전 대화하기

TIP! 회의에서 의견을 나누는 상황입니다.
상대방에게 먼저 발언권을 주는 대화를 해보세요.

A	So, what should we do?	그러면, 우리 어떻게 해야 할까요?
B	Let's hear your thoughts.	당신 의견부터 듣죠.
A	I think we need more time.	우리 더 많은 시간이 필요할 것 같아요.
B	That makes sense.	일리가 있네요.

공공장소에서 줄서기
Waiting in Public Places

반복 학습 체크 포인트 ✓○○○○○

Real Talk | **바로 쓸 수 있는 핵심 표현 익히기**

You're first, go ahead.　　　먼저 오셨네요, 가세요.

Go ahead, no worries.　　　먼저 하세요, 괜찮아요.

That's your spot, go ahead.　　　당신 자리예요, 먼저 하세요.

I'm good, you go.　　　전 괜찮아요, 먼저 하세요.

No worries, go ahead.　　　괜찮아요, 먼저 하세요.

Real-Life Dialogue | **상황별 실전 대화하기**

TIP! 공공장소에서 줄을 설 때 양보하는 상황입니다.
순서를 양보하는 대화를 나눠보세요.

(줄서기 위치가 애매한 상황)

A　You're first, go ahead.　　　먼저 오셨네요, 가세요.

B　Are you sure?　　　정말 괜찮으세요?

A　Absolutely, go ahead.　　　물론이죠, 먼저 하세요.

I'm in a hurry, can I go first?
저 급해요, 먼저 할 수 있을까요?

→ Take your time, no rush.
천천히 하세요, 급하지 않아요.

You should wait for me to exit first.
나부터 먼저 나가게 기다려야죠.

→ After you, please go ahead.
먼저 하세요, 지나가세요.

I was trying to change lanes first!
내가 먼저 차선 변경하려고 했어요!

→ Go ahead, safety first.
먼저 가세요, 안전이 우선입니다.

Let me finish talking first before you speak.
당신 말하기 전에 제 말 먼저 끝내게 해주세요.

→ I'd love your thoughts first.
당신 생각 먼저 듣고 싶어요.

This spot is mine, I was here.
이 자리는 제 자리예요, 제가 먼저 왔어요.

→ You were here first, please.
당신이 먼저 왔어요, 먼저 하세요.

Real Talk 3·5

1 천천히 하세요.

2 서두르지 마세요, 괜찮아요.

3 먼저 가세요.

4 어서 들어오세요. 환영합니다.

5 편하게 끼어드셔도 됩니다.

6 조심하세요.

7 먼저 하시겠어요?

8 당신 의견 듣고 싶어요.

9 먼저 하세요, 괜찮아요.

10 당신 자리예요, 먼저 하세요.

Real-Life Dialogue 3·5

(메뉴를 고르느라 망설이는 중)

A _____

B Oh, thank you!

A No problem!

A So, what should we do?

B _____

A I think we need more time.

B That makes sense.

답 | 1 No rush, take your time. 2 No hurry, all good. 3 After you, go ahead. 4 Come on in, welcome. 5 Go ahead, merge in. 6 Stay safe, take care. 7 Want to start? 8 Love to hear your take. 9 Go ahead, no worries. 10 That's your spot, go ahead. A Go ahead, please. B Let's hear your thoughts.

280

상대에게 결정을 양보하며 주도권을 넘겨라

"Respect is letting others choose." (존중은 상대에게 선택권을 주는 것이다.)

대화 중 가장 난감한 순간 중 하나는 결정을 내려야 할 때입니다. 무엇을 먹을지, 어떤 영화를 볼지, 혹은 여행지를 고를 때처럼 사소한 선택도 의외로 고민을 불러일으킬 수 있습니다. 특히 상대방의 취향을 모를 때는 더더욱 그렇죠.

이럴 때 "네가 정해."라는 한마디로 결정을 상대에게 맡기는 것은 존중을 표현하는 좋은 방법입니다. 이때 핵심은 결정을 미루는 것이 아니라, 상대방을 신뢰하고 존중하는 태도를 보이는 것입니다. 상대방은 자신의 의견이 중요하게 여겨진다고 느끼면 대화에 더욱 적극적으로 참여하게 됩니다. 이러한 배려가 쌓이면 관계의 신뢰와 유대감이 더욱 깊어지죠.

대화 속에서 세련된 표현으로 상대방에게 결정권을 주고 싶다면, 짧고 간결한 문장을 활용해보세요. "You pick!(네가 골라!)", "Your call.

(네 결정이야.)", "I'm open to anything.(난 다 좋아.)", "Up to you!(네가 정해!)", "Whatever you like.(네가 원하는 대로.)" 이런 표현들은 영어 회화에서 자연스럽게 사용할 수 있습니다.

특히 외국인과 대화할 때는 문화적 차이로 인해 선택을 내리는 방식이 다를 수 있는데, 이럴 때 결정권을 상대방에게 넘기는 표현을 사용하면 상대방의 문화를 존중하는 태도를 자연스럽게 드러낼 수 있습니다. 또한 이러한 표현들은 자신감 있게 말할수록 더 효과적입니다. 미소를 띠며 "Your call!(네가 정해.)"이라고 말하면 상대방의 결정에 대한 신뢰를 표현할 수 있죠.

또 같은 의미라도 표현하는 방식에 따라 상대방이 받아들이는 느낌이 완전히 달라질 수도 있습니다. 예를 들어, "I don't care.(난 상관없어.)"라고 말하면 무관심하게 들릴 수 있지만, "Your choice, I'm happy!(네 선택이면 난 좋아!)"라고 하면 상대방의 결정을 신뢰하고 존중한다는 따뜻한 메시지가 전해집니다. "Anything is fine.(아무거나 괜찮아.)" 대신 "Pick what you like!(네가 좋아하는 걸 골라!)"라고 하면 상대방이 더 편안하게 느낄 수 있습니다. "I can't decide.(난 결정 못 해.)" 대신 "You decide, I trust you!(네가 정해, 믿어!)"라고 말하면 훨씬 더 긍정적이고 세련된 인상을 줄 수 있지요.

이렇게 작은 뉘앙스의 차이는 대화의 품격을 한층 높여줍니다. 상대방의 표정과 반응을 살펴보면서 당신의 말이 어떤 영향을 주는지 직접 느껴보세요. 결정을 미루는 것이 아니라, 상대방에게 기회를 주는 것─이것이 바로 "Your call!(네가 정해.)"라는 표현이 가진 힘입니다.

음식을 고를 때
Choosing Food

반복 학습 체크 포인트 ✓○○○○○

Real Talk 바로 쓸 수 있는 핵심 표현 익히기

Your call!	네가 정해!
I'm open to anything.	난 다 좋아.
What sounds good?	뭐가 땡겨?
Let's go for something different.	색다른 거 먹어보자.
That's always a good choice.	그건 항상 좋은 선택이지.

Real-Life Dialogue 상황별 실전 대화하기

TIP! 음식점에서 메뉴를 선택하는 상황입니다.
상대방에게 결정권을 넘겨보세요.

A	**What do you feel like eating?**	뭐 먹을까?
B	**Your call!**	네가 정해!
A	**How about Thai food?**	태국 음식 어때?
B	**That's always a good choice!**	그거라면 실패할 일 없지!

영화를 선택할 때
Picking a Movie

반복 학습 체크 포인트 ✓○○○○○

Real Talk   바로 쓸 수 있는 핵심 표현 익히기

You decide!	네가 정해!
I'm up for anything.	난 다 좋아.
Have we watched this before?	이거 본 적 있어?
Love your movie picks.	네가 고르는 영화는 늘 좋아.
Let's go with your pick.	네가 고른 걸로 가자.

Real-Life Dialogue   상황별 실전 대화하기

TIP! 영화를 고르는 상황입니다.
상대방의 취향을 존중하며 대화해보세요.

A	**What movie should we watch?**	무슨 영화 볼까?
B	**You decide!**	네가 정해!
A	**How about a sci-fi movie?**	SF 영화 어때?
B	**You always choose great movies!**	네가 고르는 건 늘 좋더라!

Section
3

여행을 계획할 때
Planning a Trip

반복 학습 체크 포인트 ✓○○○○○

Real Talk　　바로 쓸 수 있는 핵심 표현 익히기

I'll let you pick!	네가 정해!
Anywhere is fine by me.	어디든 괜찮아.
Travel preferences?	어디 가고 싶어?
I'll go with whatever you choose.	네 선택을 따를게.
Sounds fun! Let's have a blast!	재밌겠다! 신나게 놀자!

Real-Life Dialogue　　상황별 실전 대화하기

TIP! 여행지를 정하는 상황입니다.
결정권을 상대방에게 넘겨보세요.

A	Where should we go this weekend?	이번 주말 어디 갈까?
B	I'll let you pick!	네가 정해!
A	How about the mountains?	산으로 가는 거 어때?
B	Sounds fun! Let's have a blast!	재밌겠다! 신나게 놀자!

데이트를 계획할 때
Planning a Date

반복 학습 체크 포인트 ✅○○○○○

| Real Talk | 바로 쓸 수 있는 핵심 표현 익히기 |

Whatever you'd like!   네가 하고 싶은 대로 다 좋아!

What do you feel like doing?   뭐 하고 싶어?

What's your perfect date?   너한테 완벽한 데이트는 뭐야?

Surprise me!   나 깜짝 놀래켜줘!

Being with you is enough.   너랑 함께 있는 것만으로 충분해.

| Real-Life Dialogue | 상황별 실전 대화하기 |

TIP! 데이트 계획을 세우는 상황입니다.
상대방의 의견을 존중하며 대화해보세요.

A   **What should we do tonight?**   오늘 뭐 할까?

B   **Whatever you'd like!**   네가 하고 싶은 대로 다 좋아!

A   **How about a rooftop dinner?**   루프탑에서 저녁 어때?

B   **Being with you is enough!**   너랑 있으면 그걸로 충분해!

286

선물을 고를 때
Choosing a Gift

반복 학습 체크 포인트 ✔○○○○○

Real Talk | **바로 쓸 수 있는 핵심 표현 익히기**

Your choice!	네가 골라!
Every gift is meaningful.	어떤 선물이든 의미 있어.
What do you want?	뭐 받고 싶어?
Any favorites?	좋아하는 거 있어?
It's the thought!	마음이 중요해!

Real-Life Dialogue | **상황별 실전 대화하기**

TIP! 선물을 고르는 상황입니다.
상대방의 선택을 존중하는 태도로 대화해보세요.

A	**What gift would you like?**	어떤 선물 받고 싶어?
B	**Your choice!**	네가 골라!
A	**How about a handmade scarf?**	핸드메이드 스카프 어때?
B	**Every gift is meaningful!**	어떤 선물이든 의미 있어!

I really don't know what to eat today.

오늘 뭐 먹을지 정말 모르겠어.

→ You pick, I'll be happy!

네가 골라, 난 좋아!

I'm not sure which movie would be better to watch.

어떤 영화가 더 볼 만할지 모르겠어.

→ Pick one, I'm in!

하나 골라, 난 좋아!

I haven't thought about where to go for vacation.

휴가 갈 곳을 생각 못 했어.

→ Your call, I'm packed!

네가 정해, 난 준비됐어!

I'm not good at planning romantic dates.

로맨틱한 데이트 계획을 못 세웠어.

→ Surprise me, I'll love it!

날 깜짝 놀래켜줘, 무조건 좋아할 거야!

I'm having trouble deciding on a gift for you.

너한테 줄 선물을 결정하기 어려워.

→ Just tell me what!

그냥 말해줘!

Real Talk 3·5

1 난 다 좋아.

2 그건 항상 좋은 선택이지.

3 네가 정해!

4 난 다 좋아.

5 네 선택을 따를게.

6 재밌겠다! 신나게 놀자!

7 네가 하고 싶은 대로 다 좋아!

8 너랑 함께 있는 것만으로 충분해.

9 네가 골라!

10 좋아하는 거 있어?

Real-Life Dialogue 3·5

A **What do you feel like eating?**

B _____

A **How about Thai food?**

B **That's always a good choice!**

A **Where should we go this weekend?**

B _____

A **How about the mountains?**

B **Sounds fun! Let's have a blast!**

CHAPTER 4

감정을 연결하는 즉각적 표현

5단어 리액션

EMOTION IN
5 WORDS

대화가 술술 풀리는 5단어 리액션

"Short reactions, long relationships." (짧은 리액션을 잘 해줘야 좋은 관계가 오래 유지된다.)

대화는 캐치볼과 같습니다. 한 사람이 공을 던지면 상대방이 받아주어야 자연스럽게 이어지듯이 대화도 마찬가지죠. 영어회화에서도 가장 중요한 것이 상대방의 말에 적절히 반응하는 것입니다. 아무리 문법이 정확하고 어휘력이 뛰어나도 자연스러운 대화를 이어가지 못한다면 큰 의미가 없습니다.

이럴 때 간단하면서도 효과적인 방법이 '5단어 리액션'입니다. 짧은 문장의 리액션만으로도 상대방은 자신의 이야기를 진심으로 들어주고 있다고 느끼게 되고, 대화는 더욱 활발하게 이어지죠. 어색한 침묵을 피하면서도 공감하는 느낌을 주고, 긴 대답 없이도 충분한 반응을 보일 수 있는 것이 바로 이 방법의 가장 큰 장점입니다.

짧은 리액션의 가치를 누구보다도 잘 알고 있는 인물이 있습니다. 바로 테슬라와 스페이스X의 CEO, 일론 머스크Elon Musk입니다. 그는 복잡한 아이디어를 간결하게 전달하는 능력으로 유명합니다. 실제로 직원들과의 미팅에서도 "That sounds pretty good!(그거 정말 좋은데!)"이나 "Let's make this happen!(이거 실현해봅시다!)" 같은 짧은 5단어 리액션을 자주 사용하며 팀의 사기를 북돋는다고 합니다.

2018년 한 인터뷰에서 머스크는 "복잡한 아이디어도 단순하게 표현할 수 있어야 한다"고 강조한 바 있으며, 이는 5단어 리액션이 갖는 힘과도 연결됩니다. 그의 트위터(현 X) 게시물들을 보면 "Wow, this is amazing stuff!(와, 이거 정말 놀라운데!)" 같은 간단한 리액션이 오히려 길고 복잡한 설명보다 더 큰 반향을 일으키는 경우를 자주 볼 수 있습니다.

실제 영어 원어민들도 복잡한 문장을 구사하기보다는 이런 자연스럽고 짧은 표현들을 자주 사용합니다. 상대방의 말에 적절히 반응하는 것만으로도 영어 실력이 훨씬 좋아보일 뿐 아니라 인간관계를 발전시키는 데에도 큰 도움이 됩니다. 심리학 연구에 따르면, 상대방의 이야기에 적절히 반응하는 것은 신뢰와 친밀감을 형성하는 데 필수적인 요소라고 합니다. 특히 감정적인 순간에는 길고 복잡한 대답보다 짧지만 진심이 담긴 5단어 리액션이 더 강력한 효과를 발휘할 수 있습니다.

이러한 표현법에 익숙해지면 대화가 쉬워지는 것은 물론, 길게 설명하지 않아도 상대방은 말이 잘 통한다고 느낄 것입니다.

놀랄 때

Surprise & Amazement

반복 학습 체크 포인트 ✓○○○○○

Real Talk | **바로 쓸 수 있는 핵심 표현 익히기**

No way! That's amazing!	말도 안 돼! 대박!
Wow! That's insane!	와! 말도 안 돼!
Are you serious? For real?	진짜야? 정말로?
Unbelievable! That's crazy!	믿기지 않아! 완전 대박!
What? You're kidding me!	뭐라고? 장난이지?

Real-Life Dialogue | **상황별 실전 대화하기**

TIP! 놀라운 소식을 들었을 때의 상황입니다.
적절한 리액션으로 대화를 이어가보세요.

A	I got into Stanford!	나 Stanford에 합격했어!
B	No way! That's amazing!	말도 안 돼! 대박이야!
A	I still can't believe it.	아직도 실감이 안 나.
B	You totally earned it.	넌 완전 자격 있어.

공감할 때
Empathy & Understanding

반복 학습 체크 포인트 ✅○○○○○

| Real Talk | 바로 쓸 수 있는 핵심 표현 익히기 |

That must be tough.	그거 정말 힘들겠다.
Oh no! I hear you.	어휴! 무슨 말인지 알아.
I totally get that.	완전 이해해.
I'm here if you need.	필요하면 내가 있잖아.
That sounds really rough.	정말 힘들었겠다.

| Real-Life Dialogue | 상황별 실전 대화하기 |

TIP! 친구가 어려운 상황에 처했을 때입니다.
공감을 표현하며 대화해보세요.

A	I've been having a rough week.	이번 주 정말 힘들었어.
B	Oh no! I hear you.	어휴! 무슨 말인지 알아.
A	Thanks for understanding.	이해해줘서 고마워.
B	Want to talk about it?	얘기해볼래?

동의할 때
Agreement & Approval

반복 학습 체크 포인트 ✅○○○○○

Real Talk   바로 쓸 수 있는 핵심 표현 익히기

Exactly! Couldn't agree more.	맞아! 완전 공감.
You're so right!	네 말이 맞아!
That's exactly it!	그거 딱 맞아!
Spot on! So true.	완전 정확해! 진짜야.
Yes! That's my thought too.	맞아! 나도 그렇게 생각해.

Real-Life Dialogue   상황별 실전 대화하기

TIP! 상대방의 의견에 동의하는 상황입니다.
적절한 표현으로 공감을 나타내보세요.

A	We've been wasting time.	우리 시간 낭비하고 있었어.
B	You're so right!	네 말이 맞아!
A	Let's fix this now.	지금이라도 고치자.
B	I'm all in.	나 완전 동의.

기쁨을 표현할 때
Excitement & Happiness

반복 학습 체크 포인트 ✓○○○○○

Real Talk 바로 쓸 수 있는 핵심 표현 익히기

That's amazing! So happy!	대박! 완전 행복해!
Wow! You earned this!	와! 넌 그럴 자격 있어!
I'm beyond happy for you!	진짜 기쁘다! 축하해!
Best news ever! Congrats!	최고의 소식이네! 완전 축하해!
Unreal! This is huge!	믿기지 않아! 완전 대박!

Real-Life Dialogue 상황별 실전 대화하기

TIP: 친구의 좋은 소식을 들은 상황입니다.
기쁨을 표현하며 대화해보세요.

A	I finally got the job!	드디어 취직됐어!
B	Best news ever! Congrats!	최고의 소식이네! 완전 축하해!
A	Thanks! I'm so happy.	고마워! 진짜 행복해.
B	Let's celebrate this weekend.	이번 주말에 축하하자

반응이 애매할 때
Neutral Reactions

반복 학습 체크 포인트 ✓○○○○○○

바로 쓸 수 있는 핵심 표현 익히기

Oh really? That's something.	아 진짜? 좀 의외네.
Hmm, makes sense.	흠, 그렇구나.
That's worth thinking about.	한번 생각해볼 문제네.
Not sure about that.	음, 잘 모르겠어.
Let me think on that.	한번 생각해볼게.

상황별 실전 대화하기

TIP! 확실하지 않은 정보를 들었을 때의 상황입니다.
중립적인 반응으로 대화를 이어가보세요.

A **I heard our favorite café might close.**

우리 단골 카페 문 닫을 수도 있대.

B **Oh really? That's something.** 아 진짜? 좀 의외네.

A **It's just a rumor though.** 그냥 소문이긴 하지만.

B **Let's wait for official news then.** 그럼 공식 발표를 기다려보자.

Wow, this news is incredibly surprising and unbelievable!

와, 이 소식 정말 놀랍고 믿을 수가 없네!

→ No way! That's so crazy!

말도 안 돼! 완전 대박!

**I'm really sorry to hear that happened to you.
It must have been very difficult.**

그런 일이 있었다니 정말 안타까워. 많이 힘들었겠다.

→ That sounds really tough. Sorry.

정말 힘들었겠다. 미안해.

**I was thinking exactly the same thing.
You are absolutely right about this.**

나도 완전히 같은 생각이었어. 네 말이 100% 맞아!

→ You're right! I think so!

맞아! 나도 그렇게 생각해!

**I'm so happy to hear that news and
sincerely congratulate you on your success.**

그 소식 듣고 너무 기뻐! 진심으로 축하해!

→ Congrats! I'm so excited!

축하해! 나도 너무 신나!

**Well, that's something I need to consider
a bit more carefully.**

음, 이건 좀 더 신중하게 생각해봐야 할 문제네.

→ Hmm, let me think about it.

흠, 생각해볼게.

3초 5단어 연습해보기 3·5 REVIEW

Real Talk 3·5

1 말도 안 돼! 대박!
2 진짜야? 정말로?
3 어휴! 무슨 말인지 알아.
4 정말 힘들었겠다.
5 네 말이 맞아!
6 그거 딱 맞아!
7 와! 넌 그럴 자격 있어!
8 믿기지 않아! 완전 대박!
9 음, 잘 모르겠어.
10 한번 생각해볼게.

Real-Life Dialogue 3·5

A **We've been wasting time.**
B _____
A **Let's fix this now.**
B **I'm all in.**

A **I finally got the job!**
B _____
A **Thanks! I'm so happy.**
B **Let's celebrate this weekend.**

답 | 1 No way! That's amazing! 2 Are you serious? For real? 3 Oh no! I hear you. 4 That sounds really rough. 5 You're so right! 6 That's exactly it! 7 Wow! You earned this! 8 Unreal! This is huge! 9 Not sure about that. 10 Let me think on that. B Best news ever! Congrats!

300

감정을 통제하고
침착하게 반응하라

　어떤 사람과 대화를 나누다가 감정이 격해지는 순간은 누구에게나 있습니다. 누군가 나를 화나게 하거나 실망시켰을 때, 예상치 못한 갈등을 마주쳤을 때 순간적으로 감정이 격해지며 때론 다툼이 생기기도 합니다. 하지만 충동적으로 내뱉은 말은 되돌릴 수 없으며, 무심코 내뱉은 한마디가 큰 오해로 이어질 수도 있습니다. 관계를 유지하고 더 나은 대화로 나아가기 위해서는 어느 정도 감정을 조절하고 차분함을 유지할 필요가 있지요.

　특히 직장에서 감정을 통제하지 못하면 커리어에도 부정적인 영향을 미칠 수 있습니다. 실제 조사에 따르면, 임원의 61%가 감정을 다스리지 못하는 직원을 승진 대상에서 제외한다고 답했습니다. 반면 감정을 조절하는 사람은 갈등 속에서도 더 나은 해결책을 찾을 수 있는 사람으로 여겨집니다. 부드럽고 긍정적인 대화를 나누는 능력을 가진 사람은 주변에서 신뢰를 얻고 존중받게 됩니다.

　그렇다면 감정을 보다 침착하게 표현하는 방법은 무엇일까요? 화를 참기 어려운 순간, 실망스러운 말을 들었을 때, 불편한 감정을 느낄 때, 당황스러운 상황에 놓였을 때—이럴 때 '5단어 리액션'을 사용하면 감정을 다스리면서도 대화를 효과적으로 이어갈 수 있습니다. 짧지만 강력한 이 문구들은 감정에 휘둘리지 않고도 자신의 입장을 전달할 수 있는 유용한 도구가 됩니다.

예를 들면, "Let's stay calm, okay?(우리 침착하자, 알았지?)", "We'll talk later, okay?(나중에 얘기하자, 알겠지?)", "I hear what you say.(네 말 들었어.)", "Take a deep breath first.(먼저 깊게 숨 쉬어.)", "Let's not rush things.(서두르지 말자.)" 등의 표현을 활용하는 것입니다.

5단어 리액션의 효과는 여러 심리학 연구를 통해 입증되었습니다. 감정적인 상황에서 미리 준비된 짧은 문구를 사용하면 즉각적인 감정 반응을 차단하고 합리적인 사고를 할 시간을 확보할 수 있습니다. 이러한 간결한 표현은 대화 중 스트레스를 크게 줄이고 의사소통의 생산성을 높이는 것으로 나타났습니다. 따라서 감정이 격해질 수 있는 순간에 짧은 문장으로 대응하는 습관은 더 건설적인 대화로 이어질 수 있습니다.

감정 조절 능력은 타고난 성향이 아니라 연습을 통해 키울 수 있는 기술입니다. 즉각적인 감정 반응을 멈추고, 5단어 리액션을 사용해보세요. 작은 변화가 더 나은 대화를 만들고, 더 건강한 관계를 형성합니다. 전문가들은 새로운 습관을 형성하는 데 평균 66일이 걸린다고 합니다. 단 두 달 동안만 의식적으로 5단어 리액션을 사용해보면 이는 자연스럽게 몸에 배어 효과적인 대화 습관으로 자리 잡을 것입니다.

화가 날 때
Anger Management

반복 학습 체크 포인트 ✓○○○○○

Real Talk | 바로 쓸 수 있는 핵심 표현 익히기

I get what you mean.	네 말 이해해.
Let's keep it cool.	우리 좀 진정하자.
I see what happened.	무슨 일인지 알겠어.
No need to argue.	싸울 필요 없어.
Let's talk later.	나중에 얘기하자.

Real-Life Dialogue | 상황별 실전 대화하기

TIP! 화가 날 수 있는 상황에서의 대화입니다.
침착하게 대응해보세요.

A	**You forgot our meeting today!**	너 오늘 회의 까먹었잖아!
B	**I get what you mean.**	무슨 말인지 알아.
A	**I'm really upset about this.**	이 일 때문에 진짜 열받았어.
B	**Let's keep it cool.**	우리 좀 진정하자.

실망했을 때
Disappointment Control

반복 학습 체크 포인트 ✓○○○○○

바로 쓸 수 있는 핵심 표현 익히기

That's kinda disappointing.	좀 실망스럽네.
I hoped for better.	더 나은 결과를 기대했어.
Let's find a fix.	해결책을 찾아보지 뭐.
It's not over yet.	아직 끝난 게 아니야.
We'll do better next time.	다음엔 더 잘하자.

상황별 실전 대화하기

TIP! 실망스러운 상황에서의 대화입니다.
감정을 조절하며 대화해보세요.

A	**I failed my driving test.**	운전면허 시험 떨어졌어.
B	**That's kinda disappointing.**	좀 실망스럽네.
A	**I don't know what to do now.**	이제 내가 뭘 해야 할지 모르겠어.
B	**Let's find a fix.**	해결책을 찾아보지 뭐.

불편한 말을 들었을 때
Handling Awkward Situations

반복 학습 체크 포인트 ✓○○○○○

| Real Talk | 바로 쓸 수 있는 핵심 표현 익히기 |

Let me think on that.　　　　　내가 좀 생각해볼게.

Let's stay respectful.　　　　　서로 존중하며 얘기하자.

That's how you see it.　　　　　그게 네 입장이구나.

I hear you.　　　　　네 말 듣고 있어.

No need to rush.　　　　　서두를 필요 없어.

| Real-Life Dialogue | 상황별 실전 대화하기 |

TIP! 불편한 말을 들었을 때의 상황입니다.
침착하게 반응해보세요.

A　**I don't like your idea.**　　　　난 네 아이디어가 별로야.

B　**That's how you see it.**　　　　그게 네 입장이구나.

A　**But I think it's bad.**　　　　근데 정말 별로라고 생각해.

B　**Let's stay respectful.**　　　　서로 존중하며 얘기하자.

Section 4

당황했을 때
Handling Nervousness

반복 학습 체크 포인트 ✓○○○○○

Real Talk　　**바로 쓸 수 있는 핵심 표현 익히기**

Just breathe.	그냥 심호흡해.
You'll do great.	넌 잘할 거야.
One step at a time.	한 단계씩 차근차근 해보자.
No worries at all.	걱정할 필요 없어.
You got this!	넌 할 수 있다니까!

Real-Life Dialogue　　**상황별 실전 대화하기**

TIP: 긴장되는 상황에서의 대화입니다.
차분하게 대응해보세요.

A	**I'm so nervous about my speech.**	나 발표 너무 긴장돼.
B	**Just breathe.**	그냥 심호흡해.
A	**What if I forget my lines?**	대본을 잊어버리면 어떡하지?
B	**You'll do great.**	넌 잘할 거야.

갈등을 해결할 때
Conflict Resolution

반복 학습 체크 포인트 ✓○○○○○

Real Talk   **바로 쓸 수 있는 핵심 표현 익히기**

Let's meet in the middle.	서로 중간 지점을 찾아보자.
I see your concern.	네 걱정 이해해.
Can we meet halfway?	우리 양보해서 합의할 수 있을까?
Let's fix this.	해결책을 찾자.
We both want this settled.	우린 둘 다 해결을 원해.

Real-Life Dialogue   **상황별 실전 대화하기**

TIP! 갈등 상황에서의 대화입니다.
해결책을 찾으며 대화해보세요.

A	You never listen to me!	넌 내 말은 절대 안 들어!
B	I see your concern.	네 걱정 이해해.
A	We always do things your way.	항상 네 방식대로만 하잖아.
B	Let's meet in the middle.	서로 중간 지점을 찾아보자.

I'll do something to make it up to you.

내가 보상할게.

→ I'll make it right.

내가 해결할게.

I know that was really insensitive of me.

그게 내가 너무 배려 없었던 거 알아.

→ I was so rude.

내가 너무 무례했어.

I'll fix everything as soon as possible.

최대한 빨리 고칠게요.

→ I'll fix it now.

지금 바로 고칠게.

I misunderstood what you were trying to say.

네가 하려던 말을 내가 오해했어.

→ I got it wrong.

내가 오해했어.

I feel bad for canceling our plans.

약속 취소해서 미안해.

→ Sorry I canceled.

약속 취소해서 미안.

Real Talk 3·5

1 네 말 이해해.

2 나중에 얘기하자.

3 좀 실망스럽네.

4 아직 끝난 게 아니야.

5 그게 네 입장이구나.

6 서로 존중하며 얘기하자.

7 넌 잘할 거야.

8 넌 할 수 있다니까!

9 서로 중간 지점을 찾아보자.

10 우리 양보해서 합의할 수 있을까?

Real-Life Dialogue 3·5

A I failed my driving test.

B That's kinda disappointing.

A I don't know what to do now.

B _____

A I'm so nervous about my speech.

B _____

A What if I forget my lines?

B You'll do great.

강조는 짧고 강하게!

"Short and strong, that's power talk." (짧고 강하게, 그게 진짜 파워 있는 대화다.)

대화에서 확신을 보여야 할 순간이 있습니다. 친구가 멋진 아이디어를 냈을 때나 누군가 가능성을 물었을 때, 긴 설명보다는 즉시 짧고 강하게 답변하면 훨씬 와닿게 됩니다. 그런 순간에 딱 맞는 표현이 바로 "당연하지!"입니다. 자신감 있고 명확한 표현은 대화를 더욱 활기차게 만들고, 상대방에게도 긍정적인 에너지를 불어넣습니다.

특히 영어 회화에서도 자신감을 드러내는 것은 무엇보다 중요합니다. 문법이 완벽하고 어휘가 풍부하더라도 말끝을 흐리거나 확신 없이 대답하면 신뢰하기 어렵습니다. 이럴 때 "You bet!(물론이지!)", "For sure!(확실히!)"와 같은 짧고 강한 표현을 활용하면 영어 실력이 훨씬 더 자연스럽고 능숙해 보입니다. 또한 확신을 가지고 대답하는 모습에 믿음이 가게 되죠. 문법이 정확한 것보다 중요한 건 내 의사를 정확히 전달하는 것입니다.

비즈니스 환경에서도 이러한 짧고 강한 표현은 강력한 무기가 됩니다. 스티브 잡스는 프레젠테이션에서 명확하고 간결한 의사소통의 힘을 보여주었습니다. "This is amazing!(이것은 놀랍습니다!)", "It just works!(그냥 작동합니다!)"와 같은 짧은 문구들로 청중들에게 강한 인상을 남겼죠. 이런 간결한 표현들은 단순히 말을 아끼는 것이 아니라, 메시지를 더 강력하게 전달하고 사람들의 기억에 오래 남게 만듭니다. 잡스의 이러한 접근법은 혁신적인 제품만큼이나 그의 소통 방식도 특별했음을 보여줍니다.

일상 대화 속에서 확신을 표현하는 것은 어렵지 않습니다. "Got it!(알겠습니다!)", "Done deal!(다 끝났습니다!)", "No sweat!(전혀 어렵지 않아!)" 같은 간단한 표현만으로도 충분히 자신감이 전달됩니다. 여기에 어깨를 으쓱하거나 고개를 끄덕이는 제스처를 더하면 효과는 배가 됩니다. 영어 초보자라도 이런 짧은 문구들은 금방 익혀서 바로 사용할 수 있습니다. 실제로 영어 회화에서 이렇게 자신감 넘치는 짧은 표현 하나만으로도 대화의 분위기는 순식간에 긍정적으로 바뀝니다.

또한 확신을 전달하는 표현은 리더십과 설득력을 키우는 데도 중요한 역할을 합니다. 심리학 연구에 따르면, 자신감 있게 짧고 명확하게 의견을 표현하는 사람이 그룹 내에서 더 큰 영향력을 발휘하는 경향이 있다고 합니다. 상대방의 질문이나 제안에 확신을 담아 "No doubt!(의심의 여지 없습니다!)"라고 반응하는 것만으로도 자연스럽게 대화의 주도권을 잡을 수 있을 것입니다. 확신은 긴 말이 아니라 그저 짧은 5마디, 그리고 자신감 있는 태도에서 나온다는 사실을 꼭 기억하세요.

친구에게 확신이 필요할 때
Reassurance & Confidence

반복 학습 체크 포인트 ✓○○○○○

Real Talk　　바로 쓸 수 있는 핵심 표현 익히기

No doubt about it!	의심할 여지 없어!
You've got this!	넌 해낼 거야!
No question!	당연하지!
Trust yourself!	자신을 믿어!
Absolutely!	완전 확실해!

Real-Life Dialogue　　상황별 실전 대화하기

TIP! 친구에게 자신감이 필요한 상황입니다.
적절한 확신을 주는 표현으로 대화해보세요.

A	**I'm nervous about the test.**	시험이 너무 긴장돼.
B	**You've got this!**	넌 해낼 거야!
A	**Thanks. I'll do my best.**	고마워. 최선을 다해볼게.
B	**That's enough.**	그거면 충분해.

누군가 부탁할 때
Accepting Requests

반복 학습 체크 포인트 ✓○○○○○

Real Talk 　바로 쓸 수 있는 핵심 표현 익히기

You got it!	알겠어!
No problem at all!	전혀 문제없어!
Happy to help!	당근, 도와줄게!
Consider it done!	이미 끝난 거나 다름없어!
Of course!	당연하지!

Real-Life Dialogue 　상황별 실전 대화하기

TIP! 동료가 도움을 요청하는 상황입니다.
기꺼이 도와주겠다는 의사를 표현해보세요.

A	**Can you cover my meeting at 3?**	3시에 내 미팅 좀 대신해줄 수 있어?
B	**You got it!**	알겠어!
A	**Thanks, I owe you.**	고마워, 내가 신세졌네.
B	**Anytime.**	언제든지.

계획을 확인할 때
Confirming Plans

반복 학습 체크 포인트 ✓○○○○○

Real Talk **바로 쓸 수 있는 핵심 표현 익히기**

We're all set!	준비 완료!
It's locked in!	확정됐어!
100% yes!	100% 확실해!
See you there!	거기서 보자!
Count me in!	나도 포함이야!

Real-Life Dialogue **상황별 실전 대화하기**

TIP! 친구와의 약속을 확인하는 상황입니다.
계획에 확신을 주는 표현으로 대화해보세요.

A Are we still meeting at 7pm tomorrow?
내일 저녁 7시에 만나는 거 맞지?

B 100% yes! 100% 확실해!

A Great! At the usual place? 좋아! 늘 가던 곳에서?

B See you there! 거기서 보자!

문제를 해결할 때
Problem Solving

반복 학습 체크 포인트 ✓○○○○○

Real Talk | **바로 쓸 수 있는 핵심 표현 익히기**

No worries!	걱정 마!
I've got it!	내가 할게!
Easy fix!	쉽게 해결할 수 있어!
All sorted!	다 정리됐어!
Not a problem!	문제없어!

Real-Life Dialogue | **상황별 실전 대화하기**

TIP! 문제 상황에서 자신감 있게 대처하는 상황입니다.
해결 의지를 보여주는 표현으로 대화해보세요.

A	**The client moved the deadline up.**	고객이 마감일 앞당겼어.
B	**No worries!**	걱정 마!
A	**Can we really do this?**	이거 진짜 할 수 있을까?
B	**We've handled worse.**	이보다 심한 것도 해냈잖아.

동의할 때
Strong Agreement

반복 학습 체크 포인트 ✓○○○○○

Real Talk	바로 쓸 수 있는 핵심 표현 익히기

Exactly!	당연하지!
Totally agree!	완전 동의해!
Spot on!	딱 맞아!
You bet!	당연하지!
Perfect! That's the answer!	완벽해! 그게 답이야!

Real-Life Dialogue	상황별 실전 대화하기

TIP! 회의에서 동료의 의견에 강하게 동의하는 상황입니다.
확실한 동의를 표현하는 대화를 해보세요.

A **I think we should launch next month.**

다음 달에 출시하는 게 좋을 것 같아.

B **You bet.** 당연하지!

A **It gives us time to fix bugs.** 버그 수정할 시간을 확보할 수 있어.

B **Spot on! The timing is perfect!** 딱 맞아! 타이밍이 완벽해!

I believe you can pass this interview.

난 네가 이 면접을 통과할 거라고 믿어.

→ You'll pass. No doubt.

넌 붙을 거야. 확실해.

I'd be happy to help you with this project.

이 프로젝트 도와줄게.

→ Sure! Happy to help.

당연하지! 기꺼이 도울게.

Yes, our plan is still on for tomorrow.

응, 내일 계획 그대로야.

→ Yep! Still on.

응! 그대로야.

Don't worry, I'll take care of everything.

걱정 마, 내가 다 처리할게.

→ No worries. I got it.

걱정 마. 내가 해결할게.

I completely agree with what you said.

네 말에 완전 동의해.

→ Totally agree!

완전 동의해!

Real Talk 3·5

1	넌 해낼 거야!	
2	자신을 믿어!	
3	당근, 도와줄게!	
4	준비 완료!	
5	100% 확실해!	
6	나도 포함이야!	
7	걱정 마!	
8	문제없어!	
9	완전 동의해!	
10	딱 맞아!	

Real-Life Dialogue 3·5

A I'm nervous about the test.

B _____

A Thanks. I'll do my best.

B That's enough.

A Can you cover my meeting at 3?

B _____

A Thanks, I owe you.

B Anytime.

눈빛과 표정으로 진정성을 담아라

대화에서 말보다 큰 힘을 발휘하는 것은 바로 진정성입니다. 아무리 세련된 문장을 구사해도 감정이 실리지 않으면 상대방의 마음을 움직일 수 없습니다. 그렇다면 감정을 온전히 전달하려면 어떻게 해야 할까요? 가장 좋은 방법은 바로 눈으로 말하는 것입니다. 눈빛은 감정의 창문이라 불릴 만큼 우리가 느끼는 감정을 상대에게 가장 솔직하게 전달하는 수단이며, 진정성 있는 소통의 핵심 요소로 작용합니다.

세계적인 배우 메릴 스트립Meryl Streep은 연기에서 눈맞춤과 감정 표현의 중요성을 여러 차례 강조해왔습니다. 그녀는 인터뷰들을 통해 눈빛을 통한 감정 전달의 힘에 대해 이야기했으며, 진정성 있는 감정 표현이 연기의 핵심이라고 설명했습니다. 특히 눈맞춤을 통해 상대방과의 연결을 강화하는 방법에 대해 자주 언급했는데, 이를 통해 대사 이상의 깊은 의미를 전달하려 했습니다.

우리의 일상 대화에서도 마찬가지입니다. 심리학 연구에 따르면 우리는 상대방의 말보다 눈빛과 표정을 통해 무의식적으로 상대의 진정성을 판단한다고 합니다. 특히 문화적 배경이 다르거나 언어 장벽이 존재하는 상황에서는 눈빛, 표정, 몸짓과 같은 비언어적 요소가 훨씬 더 중요해집니다. 언어가 달라도, 문화가 다르더라도 진심은 눈빛을 통해 전달되며, 이는 상대방에게 가장 직관적이고 본능적인 방식으로 감정을 느끼게 합니다. 감정을 담은 눈빛이 국가를 넘나드는 보편적인 언어처럼 작용하는 것이죠.

5단어에 불과한 짧고 간결한 문장도 진심 어린 눈빛이 함께한다면 말이 갖는 의미 이상의 강력한 메시지가 됩니다. 진정한 소통이란 상대방의 마음을 움직이는 것이며, 이는 단순한 문장으로 이루어지는 것이 아니라 그 문장에 담긴 감정과 태도로 완성됩니다.

그러니 눈빛을 활용하는 연습을 해보세요. 거울 앞에서 감정을 담아 표현해보고, 상대와 대화할 때 눈을 피하지 말고 그 감정을 자연스럽게 전해보세요. 처음에는 어색할 수도 있지만, 점차 익숙해지면서 말보다 더 강한 소통의 힘을 가지게 될 것입니다. 말을 입으로 하되, 감정은 반드시 눈으로 전하세요. 그렇게 하면 어느 순간, 여러분도 눈빛 하나로 마음을 전하는 소통의 달인이 되어 있을 것입니다.

기쁨

Happiness & Excitement

반복 학습 체크 포인트 ✓○○○○○

바로 쓸 수 있는 핵심 표현 익히기

Wow! That's amazing!	와! 대박이다!
I'm so happy now!	나 지금 너무 행복해!
This made my day!	완전 기분 좋게 해주네!
Best news ever!	최고의 소식이야!
That's so awesome!	정말 대박!

Real-Life Dialogue **상황별 실전 대화하기**

TIP! 친구가 좋은 소식을 전했을 때의 상황입니다.
적절한 리액션으로 대화를 이어가보세요.

A **I just got promoted at work!** 회사에서 승진했어!

B **Wow! That's amazing!** 와! 대박이다!

A **Thanks! I've been working really hard.**
고마워! 정말 열심히 일했거든.

B **You totally earned it!** 넌 완전 자격 있어!

321

슬픔
Sadness & Sympathy

반복 학습 체크 포인트 ✓○○○○○

Real Talk **바로 쓸 수 있는 핵심 표현 익히기**

Oh no! I get it.	어휴! 나 이해해.
That sounds really tough.	그거 진짜 힘들겠다.
I'm here for you.	내가 옆에 있을게.
Take your time.	천천히 해도 돼.
You'll get through this.	넌 반드시 이겨낼 거야.

Real-Life Dialogue **상황별 실전 대화하기**

TIP! 친구가 어려운 시간을 겪고 있을 때입니다.
공감을 표현하며 대화해보세요.

A	**I failed my driving test again.**	운전면허 시험에 또 떨어졌어.
B	**Oh no! I get it.**	어휴! 나 이해해.
A	**It's the third time already…**	벌써 세 번째야…
B	**Keep trying. You'll get it!**	계속 도전해! 할 수 있어!

놀람
Surprise & Shock

반복 학습 체크 포인트 ✓○○○○○

Real Talk **바로 쓸 수 있는 핵심 표현 익히기**

No way! Seriously?	말도 안 돼! 진짜?
Oh wow! That's crazy!	와, 대박! 말도 안 돼!
Are you for real?	진짜야?
I can't believe it!	믿을 수가 없어!
What? That's wild!	뭐? 완전 충격이야!

Real-Life Dialogue **상황별 실전 대화하기**

TIP! 예상치 못한 상황을 맞닥뜨렸을 때입니다.
놀람을 표현하며 대화해보세요.

A	**Our boss just quit.**	우리 부장님이 갑자기 그만뒀대.
B	**No way! Seriously?**	말도 안 돼! 진짜?
A	**It happened this morning.**	오늘 아침 일이래.
B	**Things are gonna change fast.**	앞으로 확 바뀌겠는데.

화남
Anger & Frustration

반복 학습 체크 포인트 ✓○○○○○

Real Talk　　**바로 쓸 수 있는 핵심 표현 익히기**

That's so unfair!	진짜 불공평해!
I can't believe this!	이걸 믿을 수가 없어!
This is ridiculous!	이건 완전 말도 안 돼!
I'm so over this!	이제 진짜 지쳤어!
Not again! Seriously?	또야? 진짜 짜증 나!

Real-Life Dialogue　　**상황별 실전 대화하기**

TIP! 부당한 상황에 처했을 때입니다.
적절한 감정 표현으로 대화해보세요.

A	**They gave me more work again.**	또 나한테 추가 업무를 줬다니까.
B	**That's so unfair!**	진짜 불공평해!
A	**And I'm not getting paid extra.**	그리고 추가 수당도 없대.
B	**You should definitely speak up!**	너 확실히 말해야 해!

격려

Encouragement & Support

반복 학습 체크 포인트 ✓○○○○○

Real Talk   바로 쓸 수 있는 핵심 표현 익히기

You got this!	넌 할 수 있어!
Keep going! Almost there!	계속 가! 거의 다 왔어!
I believe in you!	난 널 믿어!
Don't give up!	포기하지 마!
You're stronger than this!	넌 이겨낼 수 있어!

Real-Life Dialogue   상황별 실전 대화하기

TIP! 친구가 도전에 직면했을 때입니다.
격려의 마음을 전하며 대화해보세요.

A	**This project is killing me.**	이 프로젝트 진짜 나 잡아먹겠어.
B	**Don't give up!**	포기하지 마!
A	**I don't know if I can.**	진짜 할 수 있을지 모르겠어.
B	**You're stronger than this.**	넌 이 정도에 안 무너져.

I am incredibly happy to hear your wonderful news about the promotion!

승진 소식을 들으니 정말 기쁘고 행복해!

→ Wow! That's amazing!

와! 대박이야!

I understand how difficult this situation must be for you right now.

지금 네가 얼마나 힘든 상황인지 이해해.

→ I know this is tough.

이거 힘든 거 알아.

That information is completely unexpected and surprising to me!

그 정보는 완전히 예상 밖이고 놀라워!

→ No way! Seriously?

말도 안 돼! 진짜?

This situation is extremely frustrating and completely unacceptable!

이 상황은 정말 짜증나고 용납할 수 없어!

→ This is so frustrating!

이거 진짜 짜증 나!

You have the strength and ability to overcome this challenge!

너는 이 도전을 극복할 수 있는 힘과 능력이 있어!

→ You got this!

넌 할 수 있어!

Real Talk 3·5

1 나 지금 너무 행복해!

2 최고의 소식이야!

3 어휴! 나 이해해.

4 내가 옆에 있을게.

5 말도 안 돼! 진짜?

6 믿을 수가 없어!

7 진짜 불공평해!

8 이건 완전 말도 안 돼!

9 난 널 믿어!

10 포기하지 마!

Real-Life Dialogue 3·5

A I just got promoted at work!

B _____

A Thanks! I've been working really hard.

B You totally earned it!

A This project is killing me.

B _____

A I don't know if I can.

B You're stronger than this.

답 | 1 I'm so happy now! 2 Best news ever! 3 Oh no! I get it. 4 I'm here for you. 5 No way! Seriously?
6 I can't believe it! 7 That's so unfair! 8 This is ridiculous! 9 I believe in you! 10 Don't give up! B Wow!
That's amazing! B Don't give up!

327

'딱 그거야!' 공감은 빠르게 던져라

"Quick reactions, deeper connections." (빠르게 반응해야 더 깊게 이어진다.)

서로 말이 잘 통하는 자연스러운 대화의 공통점은 바로 '타이밍'을 놓치지 않는다는 점입니다. 상대방의 말에 바로 반응하지 않고 침묵이 감돌면 서로가 무슨 생각을 하는지 알 수 없어 대화가 어색해질 수밖에 없습니다. 상대방이 말을 끝낸 직후 1~2초 이내에 빠르게 반응해줘야 상대방은 자신의 말이 제대로 전해졌다는 느낌을 받게 됩니다.

특히 "Exactly! That's so true!(딱 그거야! 완전 맞아!)" 또는 "That's it!(바로 그거야!)"과 같은 짧고 강렬한 리액션이 효과적입니다. 이렇게 직관적인 리액션은 상대방의 말에 즉각적으로 공감을 표현하면서 대화를 더욱 자연스럽고 원활하게 만듭니다. 이러한 리액션을 3초 안에 빠르게 던지면, 상대방은 더 열정적으로 이야기를 이어가고 싶어집니다. 게다가 짧은 문장이기 때문에 누구나 쉽게 외울 수 있고 부담 없이 사용할 수 있습니다.

실제 연구에 따르면, 사람들은 자신의 의견이나 감정에 즉각적인 공감을 받을 때 더 큰 만족감을 느끼고 대화에 더 적극적으로 참여한다고 합니다. 이는 직장 내 회의나 프레젠테이션, 친구와의 일상 대화, 심지어 연인과의 대화에서도 마찬가지입니다. 특히 요즘처럼 화상 회의나 전화 통화가 많은 시대에는 비언어적 표현이 잘 전달되지 않는 만큼 빠르고 강한 리액션이 더욱 필요합니다.

흥미로운 점은 이러한 빠른 리액션이 대화에 유용할 뿐만 아니라 심리적으로도 상대방에게 안정감을 준다는 것입니다. 하버드 대학의 연구에 따르면 대화 중 3초 이내에 빠른 공감 반응을 보일 경우, 상대방의 뇌에서 옥시토신(유대감 호르몬)이 분비되며, 이로 인해 친밀감이 더욱 강화된다고 합니다. 빠른 리액션은 단순한 대화 기술을 넘어서, 상대방과의 유대감을 더욱 깊게 만드는 마법 같은 열쇠인 셈입니다.

특히 영어 대화에서는 이러한 리액션이 더 중요한데, 실제 원어민들도 일상 대화에서 매우 자주 사용하는 표현이기 때문입니다. 복잡한 문법이나 어휘를 완벽하게 구사하지 않아도 좋으니 매일 5분씩, 거울을 보며 이러한 표현들을 연습해보세요. "That's it!(바로 그거야!)"라고 말하며 얼굴 표정을 함께 지어보면 실제 대화에서도 자연스럽게 사용할 수 있을 것입니다. 언어의 목적은 완벽한 문장 구사가 아니라, 효과적인 소통에 있습니다. 빠른 리액션을 통해 더 깊은 연결을 만들어보세요!

친구가 고민을 털어놓을 때
Empathetic Responses

반복 학습 체크 포인트 ✓○○○○○

Real Talk	바로 쓸 수 있는 핵심 표현 익히기

I hear you.	네 마음 이해해.
That sounds rough.	고생 많겠다.
I've got your back.	내가 도와줄게.
We'll figure it out.	같이 해결해보자.
You're not in this alone.	혼자 아니야.

Real-Life Dialogue	상황별 실전 대화하기

TIP! 친구가 직장 생활의 어려움을 이야기하는 상황입니다.
적절한 리액션으로 대화를 이어가보세요.

A **My boss never appreciates my work.**

부장님이 내 노력을 전혀 알아주지 않는 것 같아.

B **I hear you.** 네 마음 이해해.

A **It's getting harder to stay motivated.** 점점 의욕을 잃어가.

B **Want to talk more about it?** 좀 더 얘기해볼래?

팀 프로젝트에서 의견을 나눌 때

Agreement in Teams

반복 학습 체크 포인트 ✓○○○○○

Real Talk | **바로 쓸 수 있는 핵심 표현 익히기**

Exactly!	정확해!
Spot on!	딱 맞아!
Let's roll with that!	그걸로 가자!
Love that idea!	좋은 생각이야!
You're onto something!	좋은 아이디어야!

Real-Life Dialogue | **상황별 실전 대화하기**

TIP! 팀 프로젝트에서 아이디어를 제안했을 때의 상황입니다.
동의를 표현하며 대화해보세요.

A	**What if we target students?**	학생들을 타깃으로 해보는 건 어때?
B	**Exactly! They need this.**	정확해! 그들이 이걸 필요로 해.
A	**Let's build around that.**	그걸 중심으로 가보자.
B	**I'm on it.**	내가 바로 시작할게.

영화나 책에 대해 이야기할 때
Discussing Entertainment

반복 학습 체크 포인트 ✓○○○○○

Real Talk 바로 쓸 수 있는 핵심 표현 익히기

Exactly my thought!	나도 똑같이 생각했어!
You read my mind!	내 생각을 읽었네!
Couldn't agree more!	완전 동의해!
Right on!	맞아!
So true!	완전 맞아!

Real-Life Dialogue 상황별 실전 대화하기

TIP! 영화를 본 후 감상을 나누는 상황입니다.
공감을 표현하며 대화해보세요.

A	**The ending was so real.**	결말, 진짜 현실 같았어.
B	**So true! It hit hard.**	완전 맞아! 충격 먹었어.
A	**I can't stop thinking about it.**	아직도 자꾸 생각나.
B	**Same here.**	나도 그래.

의견 차이가 있을 때
Partial Agreement

반복 학습 체크 포인트 ✓○○○○○

Real Talk　　**바로 쓸 수 있는 핵심 표현 익히기**

I get that.	그거 이해돼.
That makes sense, but…	그건 이해되지만…
I see both sides.	양쪽 다 이해돼.
Fair point, but…	좋은 지적이야, 그런데…
You're not wrong.	그 말도 맞아.

Real-Life Dialogue　　**상황별 실전 대화하기**

TIP: 친구에게 자신감이 필요한 상황입니다.
적절한 확신을 주는 표현으로 대화해보세요.

A	I don't know who's right.	누가 맞는지 모르겠어.
B	I see both sides.	양쪽 다 이해돼.
A	Maybe I'm overthinking it.	내가 너무 깊게 생각했나 봐.
B	Trust yourself.	널 믿어봐.

새로운 아이디어에 감탄할 때
Appreciating Ideas

반복 학습 체크 포인트 ✓○○○○○○

Real Talk 바로 쓸 수 있는 핵심 표현 익히기

Genius!	천재적이야!
That's exactly it!	바로 그거야!
That's huge!	대단한데!
Game changer!	완전 혁신이야!
I love it!	정말 좋은데!

Real-Life Dialogue 상황별 실전 대화하기

TIP: 창의적인 해결책을 들었을 때의 상황입니다.
감탄을 표현하며 대화해보세요.

A	**What if we automate it?**	자동화해버리면 어때?
B	**That's huge!**	대단한데!
A	**Let's share it tomorrow.**	내일 공유하자.
B	**I'll prep slides.**	발표 자료 준비할게.

**I understand how difficult and frustrating that situation
must be for you.**

그 상황이 얼마나 힘들고 답답할지 이해돼.

→ That sounds really tough.

정말 힘들겠다.

**Your idea is absolutely brilliant and
I think we should definitely implement it.**

네 아이디어가 정말 대단해. 우리가 꼭 실행해야 한다고 생각해.

→ Love it! Let's do this!

좋은 생각이야! 해보자!

**I had exactly the same thoughts about that character's
development in the story.**

그 이야기 속 캐릭터의 성장에 대해 나도 똑같이 생각했어.

→ Same here! Totally agree!

나도 그래! 완전 동의!

**I understand your perspective but I have some
different thoughts on this matter.**

네 관점을 이해하지만, 이 문제에 대해 조금 다른 생각이 있어.

→ Got your point, but…

네 말 이해돼, 그런데...

**That's such an innovative approach that could
completely transform our project.**

정말 혁신적인 접근 방식이야. 우리 프로젝트를 완전히 바꿀 수도 있겠어.

→ That's brilliant! Love it!

정말 기발해! 맘에 들어!

Real Talk 3·5

1 네 마음 이해해. _____

2 같이 해결해보자. _____

3 정확해! _____

4 좋은 생각이야! _____

5 내 생각을 읽었네! _____

6 맞아! _____

7 그거 이해돼. _____

8 그 말도 맞아. _____

9 바로 그거야! _____

10 정말 좋은데! _____

Real-Life Dialogue 3·5

A What if we target students?

B _____ They need this.

A Let's build around that.

B I'm on it.

A What if we automate it?

B _____

A Let's share it tomorrow.

B I'll prep slides.

답 | 1 I hear you. 2 We'll figure it out. 3 Exactly! 4 Love that idea! 5 You read my mind! 6 Right on! 7 I get that. 8 You're not wrong. 9 That's exactly it! 10 I love it! B Exactly! B That's huge!

웃음 포인트를
놓치지 마라

"Laugh together, bond forever." (같이 웃으면, 평생 이어진다.)

가벼운 농담은 언제나 대화의 윤활유 역할을 해줍니다. 친구가 가볍게 던진 유머 한마디, 직장 동료가 분위기를 풀기 위해 하는 장난, 가족과 함께하는 유쾌한 농담까지—이런 순간들은 우리 일상에 웃음을 더해주는 소중한 순간들이죠. 웃음은 사람과 사람을 연결하고, 대화를 더욱 활기차게 만들어주며, 친밀감을 높여 줍니다.

하지만 영어를 배우는 초보자라면 농담이 부담스럽게 느껴질 수도 있습니다. 이해하기 어려운 농담이 많기도 하고, 어떻게 반응해야 할지 몰라서 어색한 침묵이 흐르기도 합니다. 웃어야 할지, 아니면 진지하게 받아들여야 할지 헷갈릴 수도 있죠. 하지만 농담을 완벽히 이해하지 못해도 괜찮습니다. 중요한 것은 반응하는 태도입니다. 적절한 반응을 보이면 상대방은 당신이 대화에 관심을 가지고 있다는 걸 느끼고, 대화는 더욱 자연스럽게 이어질 수 있습니다.

그렇다면 농담에 어떻게 반응해야 할까요? 농담에 대한 반응은 짧고 간단하면 충분합니다. 예를 들면 "That's hilarious! So funny!(완전 웃겨요! 너무 재밌어요!)", "Haha! Best joke today!(하하! 오늘 최고의 농담이네요!)", "You almost fooled me!(나 거의 속을 뻔했어요!)" 같은 '5단어 리액션'을 사용해보세요.

기본적으로 모든 농담을 완벽하게 이해하려고 부담을 가질 필요는 없습니다. 농담은 문화적인 요소까지 포함하고 있기 때문에 처음에는 어렵게 느껴질 수 있는 것이 당연합니다. 자연스럽게 "I don't get it. Tell me again?(이해가 안 돼요. 다시 말해줄래요?)"라고 물어보면 상대방이 다시 설명해줄 겁니다. 중요한 건 이해하려는 노력과 적극적인 참여입니다. 만약 농담을 이해하지 못했더라도 침묵하는 대신 "Oh really? That's something.(아, 진짜요? 좀 의외네요.)" 같은 표현을 사용하면 대화를 원활하게 이어갈 수 있습니다.

농담에 적절히 반응하면 분위기가 살아나고, 어색한 순간도 사라지며, 상대방과 더 친밀한 관계를 형성할 수 있습니다. 뿐만 아니라 원어민들은 일상에서 농담을 많이 사용하기 때문에 자연스럽게 리액션하는 과정에서 영어 실력도 향상됩니다. 중요한 것은 실수해도 괜찮다는 것입니다. 모든 농담을 완벽하게 이해하지 못해도 대화를 즐기려는 태도가 가장 중요합니다. 이제 농담을 듣고 어색하게 웃기만 하는 대신 짧은 리액션을 적극적으로 사용해보세요! 한층 분위기가 밝아지고, 어색한 순간도 곧 사라질 것입니다. "Let's laugh and connect!(함께 웃으며 더 가까워져요!)"

웃길 때
When It's Funny!

반복 학습 체크 포인트 ✓○○○○○

바로 쓸 수 있는 핵심 표현 익히기

Too funny! I'm dying!	너무 웃겨! 나 쓰러지겠어!
Oh wow, that's gold!	와, 이거 대박이야!
Can't breathe! So good!	숨 막혀! 너무 웃겨!
You got me cracking up!	너 때문에 빵 터졌어!
Funniest thing all day!	오늘 들은 것 중 최고!

상황별 실전 대화하기

TIP! 친구가 재미있는 농담을 했을 때입니다.
웃음을 표현하며 대화해보세요.

A	I tripped over my own foot.	내 발에 걸려서 넘어졌어.
B	Too funny! I'm dying!	너무 웃겨! 나 쓰러지겠어!
A	Don't laugh! It hurt!	웃지 마! 아팠다고!
B	But it looked hilarious!	근데 진짜 웃겼어!

Section 2

장난일 때

When It's Just a Joke!

| Real Talk | 바로 쓸 수 있는 핵심 표현 익히기 |

You almost got me!	거의 속을 뻔했어!
Nice try! Not buying it!	좋은 시도야! 안 속아!
No way! Nice try!	말도 안 돼! 좋은 시도였어!
I knew you're kidding!	농담인 줄 알았어!
Very funny! Good one!	진짜 웃기네! 제대로 한 방 먹였어!

| Real-Life Dialogue | 상황별 실전 대화하기 |

TIP: 친구가 장난을 쳤을 때의 상황입니다.
장난에 대한 반응을 표현해보세요.

A **I won the lottery!** 나 복권 당첨됐어!

B **Nice try! Not buying it!** 좋은 시도야! 안 속아!

A **That obvious?** 그렇게 티 났어?

B **Your face says it all!** 네 표정이 다 말해주더라!

너무 유치할 때
When It's Too Silly!

반복 학습 체크 포인트 ✓○○○○○

Real Talk　　**바로 쓸 수 있는 핵심 표현 익히기**

Wow… that was bad.	와… 그건 좀 심했어.
Really? That's so lame!	진짜? 너무 유치해!
Oh no! Dad joke!	오 이런! 아재 개그!
Cringe! But nice try!	오글거려! 그래도 시도는 좋았어!
Can't believe you said that!	이걸 진짜 말하다니!

Real-Life Dialogue　　**상황별 실전 대화하기**

TIP! 누군가 정말 유치한 농담을 했을 때입니다.
유치함에 반응하며 대화해보세요.

A	Fake noodle? An impasta!	가짜 국수를 뭐라고 할까? 임파스타!
B	Oh no, dad joke!	아 이런, 아재 개그!
A	Not bad, right?	그렇게 나쁘진 않잖아?
B	Definitely a dad joke!	완전 아재 개그 카테고리야!

이해가 안 될 때

When You Don't Get It

반복 학습 체크 포인트 ✓○○○○○

Real Talk | 바로 쓸 수 있는 핵심 표현 익히기

Wait, what? Explain that!	잠깐, 뭐라고? 설명 좀!
I don't get it…	이해가 안 가는데…
That went over my head.	무슨 말인지 하나도 못 알아들었어.
I missed something here.	뭔가 놓친 것 같은데.
Huh? Not following you.	엥? 무슨 말인지 모르겠어.

Real-Life Dialogue | 상황별 실전 대화하기

TIP! 농담을 이해하지 못했을 때의 상황입니다.
솔직하게 물어보며 대화해보세요.

A	**Time flies, fruit flies.**	시간은 지나가고 과일 파리도 날아다닌다.
B	**Wait, what? Explain that!**	잠깐, 뭐라고? 설명 좀!
A	**Wordplay! Two meanings!**	말장난이야! 두 가지 의미가 있어!
B	**Ohhh, now I get it!**	아, 이제 알겠다!

반응이 애매할 때
When You're Not Sure

반복 학습 체크 포인트 ✅○○○○○○

Real Talk | **바로 쓸 수 있는 핵심 표현 익히기**

Oh really? That's something.　　　아 진짜? 좀 의외네.

Uh huh... if you say so.　　　어... 네가 그렇다면야.

Interesting... not sure how though.

흥미롭네... 어떻게 그런지는 모르겠지만.

I guess that's a joke?　　　이거 농담 맞지?

Not sure what to say.　　　뭐라고 해야 할지 모르겠네.

Real-Life Dialogue | **상황별 실전 대화하기**

TIP! 농담인지 확실하지 않을 때의 상황입니다.
애매한 반응으로 대화를 이어가보세요.

A **My wallet is an onion.**　　　내 지갑은 양파야.

B **Oh... that's something.**　　　오... 그거 참 그렇네.

A **Just joking!**　　　그냥 농담이야!

B **I can relate!**　　　완전 공감!

That joke is absolutely hilarious and makes me laugh so hard!

그 농담 진짜 너무 웃겨서 나 완전 빵 터졌어!

→ So funny! Can't stop laughing!

완전 웃겨! 웃음이 멈추질 않아!

I almost believed you, but then I realized you were joking.

잠깐 믿을 뻔했는데, 곧 농담인 걸 알았어.

→ You almost got me!

거의 속을 뻔했어!

That joke is so cheesy, like something my dad would say.

그 농담 진짜 유치해, 우리 아빠가 할 법한 말이야.

→ Oh no! Total dad joke!

오 이런! 완전 아재 개그!

Sorry, but I don't understand that joke.

미안한데, 그 농담 무슨 뜻인지 모르겠어.

→ Wait, I don't get it.

잠깐, 이해가 안 돼.

Not sure if that was a joke or serious.

그거 농담하려고 한 거야, 아니면 진심이야?

→ Is that a joke?

그게 농담이야?

Real Talk 3·5

1   너무 웃겨! 나 쓰러지겠어!

2   와, 이거 대박이야!

3   거의 속을 뻔했어!

4   진짜 웃기네! 제대로 한 방 먹였어!

5   와... 그건 좀 심했어.

6   진짜? 너무 유치해!

7   잠깐, 뭐라고? 설명 좀!

8   엥? 무슨 말인지 모르겠어.

9   어... 네가 그렇다면야.

10 이거 농담 맞지?

Real-Life Dialogue 3·5

A   **I won the lottery!**

B   _____

A   **That obvious?**

B   **Your face says it all!**

A   **Fake noodle? An impasta!**

B   _____

A   **Not bad, right?**

B   **Definitely a dad joke!**

답 | 1 Too funny! I'm dying! 2 Oh wow, that's gold! 3 You almost got me! 4 Very funny! Good one! 5 Wow... that was bad. 6 Really? That's so lame! 7 Wait, what? Explain that! 8 Huh? Not following you. 9 Uh huh... if you say so. 10 I guess that's a joke? B Nice try! Not buying it! B Oh no, dad joke!

345

긍정 에너지를 전달하라

"Positive words, powerful impact." (긍정적인 말 한마디가 엄청난 힘을 준다.)

누구나 응원이 필요합니다. 친구가 멋진 발표를 했을 때, 동료가 기발한 아이디어를 냈을 때, 누군가가 오랜 노력 끝에 성과를 보여줬을 때, 짧지만 강렬한 응원이 당사자들에게는 엄청난 힘이 될 수 있습니다. 때로는 "That looks amazing!(정말 멋져 보인다!)", "You did a fantastic job!(정말 잘했어!)" 같은 한마디가 상대방의 하루를 완전히 바꿔놓기도 하죠.

우리가 긍정적인 말을 들었을 때 뇌에서는 도파민Dopamine과 옥시토신Oxytocin같은 행복 호르몬이 분비된다고 합니다. "That's awesome!(정말 멋져!)"라는 말을 들었을 때 기분이 좋아지는 것은 단순한 감정 변화가 아니라, 실제로 우리 몸에서 일어나는 생리학적 반응이라는 것이죠.

만약 누군가 멋진 아이디어를 냈거나 기대 이상의 결과를 보여줬다면, "Perfect! Just what I needed!(완벽해! 내가 원하던 거야!)"라고 말해보세요. 상대방은 즉시 인정받는 기분을 느낄 수 있습니다. 감탄이 절로 나올 만큼 인상적인 순간이라면 "Wow! That was truly amazing!(와! 그거 진짜 대단했어!)"라고 표현해볼 수 있습니다.

또 어떤 일을 완벽하게 해냈을 때는 "완전 성공했어! 너무 좋아!(You did it! So great!)", 꾸준한 노력과 성과를 칭찬하고 싶다면 "환상적이야! 계속 이렇게 해!(Fantastic job! Keep it up!)"이라고 말하면 좋습니다. 그리고 정말 가치 있는 결과물이나 멋진 작품을 보았다면 "이거 최고! 너무 좋아!(This is amazing! I love it!)" 같은 표현으로 상대방의 자신감을 북돋아주면 됩니다.

오프라 윈프리Oprah Winfrey는 자신의 성공 비결 중 하나로 작은 긍정적 표현의 힘을 꼽습니다. 그녀는 인터뷰에서 "I see you, I hear you, and what you say matters.(당신을 보고 있고, 듣고 있으며, 당신의 말은 중요합니다.)"라는 태도가 얼마나 강력한 영향을 미치는지를 강조했습니다. 그녀의 인터뷰에서 게스트들이 편안하게 마음을 열 수 있었던 비결도 바로 이런 작은 인정과 공감의 표현들이었죠.

우리도 이처럼 긍정적인 표현을 의식적으로 늘려보는 것은 어떨까요? 아침에 가족에게, 직장에서 동료에게, 혹은 가게에서 만난 직원에게 "Great service today!(오늘 서비스 정말 좋았어요!)" 라고 건네본 짧은 한마디가 누군가의 하루에는 따뜻한 햇살로 비춰질 수 있습니다. 일단 시도해보면, 그 짧지만 강한 긍정의 힘을 직접 경험할 수 있을 것입니다.

친구가 그림을 그렸을 때
Artistic Appreciation

반복 학습 체크 포인트 ✓○○○○○

Real Talk	바로 쓸 수 있는 핵심 표현 익히기

Wow! That's stunning!	와! 정말 멋져!
This artwork is incredible!	이 작품 정말 대단해!
Your talent is amazing!	네 재능이 정말 놀라워!
Love the colors!	색감이 너무 좋아!
This is fantastic!	이거 환상적이야!

Real-Life Dialogue	상황별 실전 대화하기

TIP! 친구가 그린 그림을 보여줬을 때의 상황입니다.
적절한 리액션으로 대화를 이어가보세요.

A	**I finished my new painting.**	내 새 그림을 완성했어.
B	**Wow! That's stunning!**	와! 정말 멋져!
A	**Thanks, I worked hard on it.**	고마워. 정말 열심히 그렸어.
B	**It shows.**	그게 딱 보여.

동료가 프레젠테이션을 마쳤을 때

Professional Praise

반복 학습 체크 포인트 ✓○○○○○

Real Talk　　바로 쓸 수 있는 핵심 표현 익히기

You aced it!	너 완전 잘했어!
That presentation was perfect!	그 발표 완벽했어!
Great job! Very impressive!	훌륭했어! 정말 인상적이야!
You did great!	정말 잘했어!
Such a powerful presentation!	정말 강력한 프레젠테이션이었어!

Real-Life Dialogue　　상황별 실전 대화하기

TIP! 동료의 프레젠테이션이 끝난 후의 상황입니다.
칭찬을 통해 대화를 이어가보세요.

A	I was so nervous up there.	발표할 때 너무 긴장했어.
B	You did great!	정말 잘했어!
A	Really? That means a lot.	정말? 큰 힘 돼.
B	You earned it.	네가 해낸 거야.

Section 3

친구가 새로운 요리를 만들었을 때
Culinary Compliments

반복 학습 체크 포인트 ⊘○○○○○

Real Talk　　**바로 쓸 수 있는 핵심 표현 익히기**

Wow! So delicious!	와! 정말 맛있어!
This tastes incredible!	이거 진짜 맛있어!
Best dish ever!	내가 먹어본 것 중 최고야!
You're an amazing cook!	넌 정말 훌륭한 요리사야!
Perfect flavors!	맛이 완벽해!

Real-Life Dialogue　　**상황별 실전 대화하기**

TIP! 친구가 새로운 요리를 대접했을 때입니다.
맛에 대한 감동을 표현해보세요.

A	**I tried a new recipe today.**	오늘 새로운 레시피로 만들어봤어.
B	**Perfect flavors!**	맛이 완벽해!
A	**You really think so?**	진짜 그렇게 생각해?
B	**I mean it.**	진심!

누군가 멋진 사진을 찍었을 때
Photography Praise

반복 학습 체크 포인트 ✓○○○○○

Real Talk 　바로 쓸 수 있는 핵심 표현 익히기

Wow! Stunning shot!	와! 멋진 사진이야!
This is breathtaking!	이거 정말 아름다워!
You've got a great eye!	사진 감각이 뛰어나!
Love the composition!	구도가 너무 좋아!
Amazing capture!	놀라운 순간 포착이야!

Real-Life Dialogue 　상황별 실전 대화하기

TIP! 친구가 찍은 멋진 사진을 보여주었을 때입니다.
감탄을 표현하며 대화해 보세요.

A	Check out this sunset!	이 일몰 사진 봐!
B	Wow! Stunning shot!	와! 멋진 사진이야!
A	Thanks! Waited an hour.	고마워! 한 시간 기다렸어.
B	Totally worth it!	기다린 보람 있었어!

팀원이 어려운 문제를 해결했을 때
Problem-Solving Recognition

(반복 학습 체크 포인트 ✓○○○○○)

| Real Talk | 바로 쓸 수 있는 핵심 표현 익히기 |

Awesome work!   대단한 작업이야!

Brilliant work!   완벽해!

You're a genius!   넌 천재야!

So innovative!   정말 기발해!

Great thinking!   훌륭한 아이디어야!

| Real-Life Dialogue | 상황별 실전 대화하기 |

TIP! 팀원이 어려운 문제를 해결했을 때입니다.
칭찬을 하면서 대화를 이끌어보세요.

A   **Found a fix!**   해결 방법 찾았어!

B   **Brilliant work!**   완벽해!

A   **It was tricky.**   좀 어려웠어.

B   **Huge time-saver!**   시간 절약됐어!

Your artwork is so detailed!
너의 작품 정말 섬세해!

→ Love this! So good!
이거 너무 좋아!

You explained everything so clearly!
너무 명확하게 설명했어!

→ You aced it!
너 완전 잘했어!

This dish is perfectly balanced!
이 요리는 맛의 균형이 완벽해!

→ So tasty! Loved it!
너무 맛있어! 최고야!

Great lighting and amazing composition!
조명도 구도도 완벽해!

→ Wow! Stunning shot!
와! 멋진 사진이야!

That's a brilliant solution—so creative!
정말 훌륭한 해결책이야—너무 기발해!

→ Great thinking! Well done!
훌륭한 아이디어야! 잘했어!

Real Talk 3·5

1 와! 정말 멋져!

2 이거 환상적이야!

3 그 발표 완벽했어!

4 정말 잘했어!

5 와! 정말 맛있어!

6 내가 먹어본 것 중 최고야!

7 이거 정말 아름다워!

8 놀라운 순간 포착이야!

9 넌 천재야!

10 훌륭한 아이디어야!

Real-Life Dialogue 3·5

A I was so nervous up there.

B _____

A Really? That means a lot.

B You earned it.

A Check out this sunset!

B _____

A Thanks! Waited an hour.

B Totally worth it!

답 | 1 Wow! That's stunning! 2 This is fantastic! 3 That presentation was perfect! 4 You did great!
5 Wow! So delicious! 6 Best dish ever! 7 This is breathtaking! 8 Amazing capture! 9 You're a genius!
10 Great thinking! B You did great! B Wow! Stunning shot!

단순하고 빠른 동의가 신뢰를 만든다

"그거 좋아." 단순하지만 강력한 한마디입니다. "The shortest answer is doing.(가장 강력한 대답은 행동이다.)"라는 조지 허버트George Herbert의 말처럼, 때로는 긴 설명보다 간결한 반응이 더 강한 메시지를 전달할 수 있습니다. 대화에서는 복잡한 설명이 필요하지 않습니다. 짧고 긍정적인 리액션 하나면 충분합니다. 특히 동의를 표현할 때, 길게 고민할 필요 없이 5단어 리액션을 활용하는 것이 가장 효과적이죠. 상대방이 의견을 말했을 때, "그거 좋은데!(That sounds great!)" 또는 "완전 동의해!(I totally agree!)" 같은 짧고 강한 반응 하나가 대화의 흐름을 부드럽게 만들고 분위기를 살립니다.

영어 회화에서 중요한 것은 문법이나 어휘량이 아니라 자연스러운 리듬감입니다. 아무리 정확한 문장을 구사하더라도 대화의 흐름을 타지 못하면 원어민처럼 들리기 어렵습니다. 특히 동의를 표현할 때 길고 장황한 설명보다는 짧고 간결한 5단어 리액션이 훨씬 더 자연스럽습니다. 실제로 원어민들도 "That sounds really good!(그거 정말 좋은데!)" 같은 짧은 표현을 자주 사용하며, 이런 간단한 리액션이 대화를 더욱 활기차게 만들어줍니다.

세계적인 커뮤니케이션 전문가 데일 카네기Dale Carnegie는 "소통의 비밀은 복잡한 설명이 아니라 진정한 경청과 간결한 반응에 있다."라고 강조했습니다. 그의 저서 〈인간관계론〉에서도 상대방의 말에 간단하게 동의하는 것이 신뢰를 형성하는 중요한 요소라고 설명합니다. 회의에서 가장 영향력 있는 사람들은 오히려 짧고 핵심적인 말을 하는 사람들인 경우가 많습니다. "Absolutely! That's the best!(당연하지! 최고야!)"와 같은 짧고 강한 리액션이 때로는 장황한 설명보다 더 강한 메시지를 전달할 수 있습니다.

그렇다면 효과적인 동의 표현을 위한 핵심 공식은 무엇일까요? 간단합니다. 첫째, 짧고 긍정적으로! 둘째, 자연스럽고 리듬감 있게! 셋째, 상대방이 말할 기회를 가질 수 있도록 대화의 흐름을 유지하는 것입니다.

굳이 긴 문장을 사용하려 애쓰지 말고, "That sounds really good!(그거 정말 좋은데!)"처럼 간결하면서도 힘 있는 표현으로 반응해보세요. 대화는 마치 핑퐁 게임처럼 자연스럽게 주고받는 것이 핵심입니다. 상대방의 말에 즉각적이고 적절한 반응을 하는 것이야말로 원어민 같은 유창함을 키우는 가장 효과적인 방법입니다. 짧은 동의가 곧 긴 대화의 시작입니다!

점심 메뉴 정하기
Choosing lunch

반복 학습 체크 포인트 ✓○○○○○

Real Talk | **바로 쓸 수 있는 핵심 표현 익히기**

That sounds great!	그거 좋은데!
Totally agree!	완전 동의해!
Perfect choice!	완벽한 선택이야!
Absolutely! Love it!	당연하지! 완전 좋아!
Makes sense!	말 되네!

Real-Life Dialogue | **상황별 실전 대화하기**

TIP! 점심 메뉴를 정하는 상황입니다.
적절한 동의 표현으로 대화를 이어가보세요.

A	Korean BBQ for lunch?	점심으로 한국식 바비큐 어때?
B	That sounds great!	그거 좋은데!
A	Special menu today.	오늘 특별 메뉴 있어.
B	Perfect choice! Let's go!	완벽한 선택이야! 가자!

Section 2

여행 계획 짜기
Planning a trip

반복 학습 체크 포인트 ✓○○○○○

Real Talk | **바로 쓸 수 있는 핵심 표현 익히기**

Love it! Let's go!	좋아! 가자!
Exactly what I wanted!	딱 내가 원하던 거야!
Great plan! Count me in!	좋은 계획이야! 나도 참여할게!
Awesome! Can't wait!	최고야! 기대돼!
Perfect! Let's do it!	완벽해! 그렇게 하자!

Real-Life Dialogue | **상황별 실전 대화하기**

TIP! 여행 계획을 짜는 상황입니다.
적절한 동의 표현으로 대화를 이어가보세요.

A	Jeju next month?	다음 달에 제주도 갈까?
B	Exactly what I wanted!	딱 내가 원하던 거야!
A	Three days stay.	3일 동안 머무는 거야.
B	Sounds great! Book now!	좋아! 지금 예약하자!

영화 선택하기
Picking a movie

반복 학습 체크 포인트 ✓○○○○○

| Real Talk | 바로 쓸 수 있는 핵심 표현 익히기 |

I'm in!   나도 찬성이야!

Couldn't agree more!   완전 동의해!

Exactly my thought!   나도 같은 생각이야!

Absolutely yes!   당연히 찬성이야!

You nailed it!   딱 맞아!

| Real-Life Dialogue | 상황별 실전 대화하기 |

TIP! 영화를 고르는 상황입니다.
적절한 동의 표현으로 대화를 이어가보세요.

A   **New action movie?**   새로 나온 액션 영화 볼까?

B   **I'm in!**   나도 찬성이야!

A   **Amazing effects.**   특수 효과가 엄청나다던데.

B   **Awesome! Tickets now!**   최고야! 티켓 예매하자!

주말 계획 세우기
Making weekend plans

반복 학습 체크 포인트 ✓○○○○○

Real Talk **바로 쓸 수 있는 핵심 표현 익히기**

That works!	좋아!
Sounds like a plan!	좋은 계획이야!
I'm all in!	완전 찬성이야!
Let's do it!	그렇게 하자!
Awesome idea!	멋진 아이디어야!

Real-Life Dialogue **상황별 실전 대화하기**

TIP! 주말 계획을 세우는 상황입니다.
적절한 동의 표현으로 대화를 이어가보세요.

A	**Hiking this weekend?**	이번 주말에 하이킹 갈까?
B	**Sounds like a plan!**	좋아, 그거 하자.
A	**New trail?**	새 등산로 가볼래?
B	**Perfect! What time?**	완벽해! 몇 시에?

프로젝트 아이디어 논의하기

Talking about project ideas

반복 학습 체크 포인트 ✓○○○○○

Real Talk	바로 쓸 수 있는 핵심 표현 익히기

Excellent! Let's do it!　　　　　훌륭해! 그렇게 하자!

Exactly what we need!　　　　　딱 우리가 필요했던 거야!

That's a great call!　　　　　좋은 선택이야!

Spot on! Love it!　　　　　정확해! 맘에 들어!

Perfect! I'm with you!　　　　　완벽해! 동의해!

Real-Life Dialogue	상황별 실전 대화하기

TIP! 프로젝트 아이디어를 논의하는 상황입니다.
적절한 동의 표현으로 대화를 이어가보세요.

A　Focus on UX?(=User Experience)　　UX에 집중할까?(UX: 사용자 경험)

B　Exactly what we need!　　딱 우리가 필요했던 거야!

A　Prototype next week.　　다음 주까지 프로토 타입 만들자.

B　Great! I'm on it!　　훌륭해! 바로 시작할게!

I think Korean BBQ is a great idea for lunch.

점심으로 한국식 바비큐가 좋을 것 같아.

→ Korean BBQ sounds great!

바비큐 좋지!

Visiting Jeju next month sounds like a perfect plan.

다음 달에 제주도 가는 거 완전 좋은 계획이야.

→ Jeju next month? Love it!

제주도 다음 달? 좋지!

I really want to see the new action movie.

나 새로 나온 액션 영화 보고 싶어.

→ Let's watch it!

그거 보자!

Hiking this weekend sounds like a great idea.

이번 주말에 하이킹 가는 거 좋은 생각이야.

→ Let's do it!

하자!

I totally agree that focusing on user experience is important.

사용자 경험에 집중하는 게 중요하다는 거 완전 동의해.

→ UX(User Experience) first! Makes sense.

UX 먼저! 말 되네.

Real Talk 3·5

1 완벽한 선택이야!

2 당연하지! 완전 좋아!

3 좋아! 가자!

4 딱 내가 원하던 거야!

5 나도 찬성이야!

6 나도 같은 생각이야!

7 좋아!

8 멋진 아이디어야!

9 딱 우리가 필요했던 거야!

10 완벽해! 동의해!

Real-Life Dialogue 3·5

A **Korean BBQ for lunch?**

B _____

A **Special menu today.**

B **Perfect choice! Let's go!**

A **Hiking this weekend?**

B _____

A **New trail?**

B **Perfect! What time?**

답 | 1 Perfect choice! 2 Absolutely! Love it! 3 Love it! Let's go! 4 Exactly what I wanted! 5 I'm in! 6 Exactly my thought! 7 That works! 8 Awesome idea! 9 Exactly what we need! 10 Perfect! I'm with you! B That sounds great! B Sounds like a plan!

363

강한 결단력을
표현하라

"의심의 여지가 없어!" 단순하지만 강렬한 한마디입니다. 때로는 장황한 설명보다 단호한 확신이 더 강한 메시지를 전달합니다. 대화에서 주저하거나 애매한 태도를 보이면 신뢰를 얻기 어렵습니다. 특히 확신을 표현할 때는 단호한 한마디로 메시지를 전달하는 것이 좋지요. "No doubt about it!(의심의 여지가 없어!)" 같은 다섯 단어짜리 리액션을 활용하는 것이 가장 효과적입니다.

진정한 자신감은 복잡한 문장이 아니라 즉각적인 확신으로 표현될 때 더욱 진실되게 느껴집니다. 실제로 원어민들도 "No way that's wrong!(그게 틀릴 리 없어!)" 같은 짧은 표현을 자주 사용하며, 이러한 간단한 리액션은 대화를 더욱 설득력 있게 만들어줍니다.

세계적인 비즈니스 리더 스티브 잡스Steve Jobs도 "결단력 있는 사람은 항상 짧고 명확하게 의사를 표현한다."라고 강조했습니다. 그의 프레젠테이션을 보면 복잡한 설명 대신, 확신에 찬 짧은 문장이 청중에게 더 강한 인상을 남깁니다. 리더십이 강한 사람들은 주저함 없이 확신을 표현하는 경향이 있습니다. "Without a second thought!(두 번 생각할 필요 없어!)"와 같은 단호한 리액션이 때로는 긴 설명보다 더 강한 메시지를 전달합니다.

이처럼 확신에 찬 짧은 표현은 당신의 결단력과 자신감을 보여주는 동시에, 상대방에게 명확한 방향성을 제시합니다. 복잡한 상황에서도 핵심을 간결하게 전달하는 능력은 효과적인 리더십의 중요한 요소 중 하나입니다.

그렇다면 효과적으로 확신을 표현하기 위한 핵심 공식은 무엇일까요? 첫째, 짧고 강력하게!(Keep it short and strong!) 둘째, 에너지와 감정을 담아!(Add energy and emotion!) 셋째, 눈빛과 바디랭귀지를 활용!(Use eye contact and body language!)

확신을 표현할 때는 3초 이상 고민할 필요가 없습니다. 짧은 확신의 표현을 활용하면 영어 대화도 훨씬 더 자신감 있고 자연스럽게 들립니다. 긴 문장을 사용하려 애쓰지 말고, "It's 100% certain!(이건 100% 확실해!)"처럼 간결하면서도 힘 있는 표현으로 반응해보세요. 짧은 확신이 곧 큰 신뢰의 시작입니다!

새로운 프로젝트를 시작할 때
Starting a New Project

반복 학습 체크 포인트 ✓○○○○○

| Real Talk | 바로 쓸 수 있는 핵심 표현 익히기 |

We can make it!	우리는 해낼 수 있어!
This is huge!	이건 대단한 일이야!
Success is guaranteed!	성공은 확실해!
Best project yet!	지금까지 최고 프로젝트야!
I'm all in!	난 전력투구할 거야!

| Real-Life Dialogue | 상황별 실전 대화하기 |

TIP! 새로운 프로젝트를 시작하는 상황입니다.
적절한 확신 표현으로 대화를 이어가보세요.

A **New project plan good?**   새 프로젝트 계획 괜찮아?

B **No doubt about it!**   의심의 여지가 없어!

A **But the deadline's tight.**   하지만 마감일이 빠듯해.

B **We can make it!**   우리는 해낼 수 있어!

Section 2

중요한 시험을 앞둔 친구를 격려할 때
Encouraging a Friend Before an Exam

반복 학습 체크 포인트 ✓○○○○○○

Real Talk　　바로 쓸 수 있는 핵심 표현 익히기

You've got this!	넌 해낼 수 있어!
You'll ace it!	넌 완전 잘 볼 거야!
Success is yours!	성공은 네 거야!
Victory's a given!	승리는 당연해!
Failure's not an option!	실패란 없어!

Real-Life Dialogue　　상황별 실전 대화하기

TIP! 중요한 시험을 앞둔 친구를 격려하는 상황입니다.
적절한 확신 표현으로 대화를 이어가보세요.

A	Worried about the test.	시험 걱정돼.
B	No worries. You'll ace it!	걱정 마. 넌 완전 잘 볼 거야!
A	Did I study enough?	나 공부 충분히 했을까?
B	No doubt about it!	당연하지! 의심할 필요도 없어!

Section
3

스포츠 경기를 응원할 때
Cheering at a Sports Game

반복 학습 체크 포인트 ✓○○○○○○

| Real Talk | 바로 쓸 수 있는 핵심 표현 익히기 |

They'll win for sure!   그들은 확실히 이길 거야!

Victory's coming!   승리가 다가오고 있어!

No way they lose!   질 리가 없지!

Best team ever!   최고의 팀이야!

They're unstoppable!   그들은 막을 수 없어!

| Real-Life Dialogue | 상황별 실전 대화하기 |

TIP! 스포츠 경기에서 팀을 응원하는 상황입니다.
적절한 확신 표현으로 대화를 이어가보세요.

A   Think we'll win?   우리가 이길 것 같아?

B   It's 100% certain!   이건 100% 확실해!

A   Even without Kim?   김 선수 없이도?

B   No way they lose!   질 리가 없지!

중요한 결정을 내릴 때
Making an Big Decision

반복 학습 체크 포인트 ⊘○○○○○

| Real Talk | 바로 쓸 수 있는 핵심 표현 익히기 |

No regrets!	후회 없어!
Right choice for sure!	확실히 올바른 선택이야!
It's the right move!	이게 정답이야!
Best decision yet!	최고의 결정이야!
No second thoughts!	망설일 필요 없어!

| Real-Life Dialogue | 상황별 실전 대화하기 |

TIP! 중요한 결정을 내리는 상황입니다.
적절한 확신 표현으로 대화를 이어가보세요.

A	**Should I take the job?**	그 일자리 수락할까?
B	**No second thoughts!**	망설일 필요 없어!
A	**But it requires relocation.**	하지만 이사를 해야 해.
B	**Right choice for sure!**	확실히 올바른 선택이야!

비즈니스 협상에서
During a Business Deal

반복 학습 체크 포인트 ✓○○○○○

Real Talk　　바로 쓸 수 있는 핵심 표현 익히기

Solid deal!	완벽한 계약이야!
Value's guaranteed!	가치는 보장돼!
Profits will skyrocket!	수익이 급상승할 거야!
Partnership is solid!	파트너십은 탄탄해!
Success is a given!	성공은 당연해!

Real-Life Dialogue　　상황별 실전 대화하기

TIP! 비즈니스 협상을 하는 상황입니다.
적절한 확신 표현으로 대화를 이어가보세요.

A	Contract looks good?	계약서 괜찮아 보여?
B	No way it's wrong!	틀릴 리 없어!
A	Sign it today?	오늘 바로 서명할까?
B	Solid deal!(=Deal is perfect!)	완벽한 계약이지!

We are definitely going to succeed.

우린 분명히 성공할 거야.

→ We'll do great!

우린 잘할 거야!

You have studied hard for this.

넌 이걸 위해 열심히 공부했어.

→ You're ready!

넌 준비됐어!

Our team has a great chance of winning.

우리 팀이 이길 가능성이 커.

→ We got this!

우리가 이길 거야!

This is the best choice for you.

이게 너한테 최고의 선택이야.

→ Go for it!

과감하게 질러!

This deal will bring great success.

이 거래는 큰 성공을 가져올 거야.

→ It's a win!

이건 이득이야!

Real Talk 3·5

1 우리는 해낼 수 있어!

2 성공은 확실해!

3 넌 완전 잘 볼 거야!

4 실패란 없어!

5 승리가 다가오고 있어!

6 최고의 팀이야!

7 후회 없어!

8 최고의 결정이야!

9 수익이 급상승할 거야!

10 성공은 당연해!

Real-Life Dialogue 3·5

A Think we'll win?

B It's 100% certain!

A Even without Kim?

B _____

A Contract looks good?

B No way it's wrong!

A Sign it today?

B _____

답 | 1 We can make it! 2 Success is guaranteed! 3 You'll ace it! 4 Failure's not an option! 5 Victory's coming! 6 Best team ever! 7 No regrets! 8 Best decision yet! 9 Profits will skyrocket! 10 Success is a given! B No way they lose! B Solid deal!

결론은 깔끔하고
명확하게 전하라

"It's over.(끝났어.)"

이보다 더 강렬하면서도 명확한 결론이 있을까요? 군더더기 없는 간결한 표현은 군이 수식어가 필요하지 않은 자체적인 강한 힘을 가지고 있습니다. 영어에서도 "It's over.(끝났어.)", "All done.(다 끝났어.)", "That's it!(그게 전부야!)" 같은 단순하지만 강렬한 의미를 가진 표현이 자주 사용됩니다.

특히 원어민들은 이러한 짧고 강한 리액션을 굉장히 선호합니다. 복잡한 설명 없이도 한마디로 상황을 명확하게 정리할 수 있기 때문입니다. 긴 대화 속에서도 결론을 내리고 싶다면 군이 여러 문장을 나열할 필요 없이 "That's it!(그게 전부야!)"라고 단호하게 말하면 충분합니다.

이러한 짧은 결론 표현들은 단순히 일상 회화에서만 쓰이는 것이 아니라, 비즈니스 환경에서도 강력한 효과를 발휘합니다. 회의를 마무리할 때 "We're done here.(우리 할 일 끝났어.)"라고 말하면, 추가 논의가 필요 없다는 메시지를 분명하게 전달하면서도 자연스럽고 프로페셔널하게 들립니다. 누군가가 계속해서 논의를 이어가려 할 때도, "End of discussion!(논의 끝이야!)"라는 짧고 강한 표현 하나만으로 대화를 마무리할 수 있습니다.

그렇다면, 이러한 명확한 결론을 내리기 위해 기억해야 할 핵심 전략은 무엇일까요?

첫째, 단호하고 간결하게!(Be firm and clear!) 불필요한 부연 설명은 메시지의 힘을 약화시킬 뿐입니다. 둘째, 자신감 있는 톤으로!(Use a confident tone!) 결론을 전달할 때는 확신이 서린 목소리가 중요합니다. 셋째, 핵심만 정확하게 전달하기!(Share only the main message without extra details!) 장황하게 설명하려다 보면 핵심이 흐려지기 쉽습니다.

결론을 짓는 짧은 표현들은 심리학적으로도 매우 중요한 역할을 합니다. 사람들은 불확실한 결론보다 명확한 마무리를 선호하며, 깔끔하게 정리된 결론은 심리적 안정감을 줍니다. 긴 설명을 붙이려 애쓰지 말고, 때로는 "Game over!(끝났어!)"처럼 단호한 표현을 사용해보세요. 이처럼 간결하지만 강력한 한마디가 오히려 더 깊은 인상을 남길 것입니다.

시험 끝나고 해방된 기분
Feeling free after a test

반복 학습 체크 포인트 ✓○○○○○

Real Talk   바로 쓸 수 있는 핵심 표현 익히기

It's over!	끝났다!
Finally free!	드디어 자유야!
That was the last!	마지막 거 끝!
Free at last!	드디어 자유!
No books tonight!	오늘은 책 던져버려!

Real-Life Dialogue   상황별 실전 대화하기

TIP! 시험이 끝나고 친구와 나누는 대화입니다.
적절한 결론 표현으로 대화를 이어가보세요.

A	How was the test?	시험 어땠어?
B	It's over!	끝났어!
A	Was it difficult?	어려웠어?
B	Doesn't matter now! Free at last!	이제 상관없어! 드디어 자유야!

375

Section 2

프로젝트 완성 후
After finishing a project

반복 학습 체크 포인트 ✓○○○○○

바로 쓸 수 있는 핵심 표현 익히기

All done!	다 끝냈어!
It's finished!	끝났어!
Task complete!	임무 완수!
Finally done!	드디어 끝!
Job's done!	끝났어!

상황별 실전 대화하기

TIP! 프로젝트를 완성한 후의 상황입니다.
적절한 결론 표현으로 대화를 이어가보세요.

A	**Did you finish the report?**	보고서 끝냈어?
B	**All done!**	다 끝냈어!
A	**Need any revisions?**	수정할 부분 있어?
B	**Nope! Already sent it!**	아니! 이미 보냈어!

친구가 같은 얘기를 반복할 때
When a friend repeats something

반복 학습 체크 포인트 ✓○○○○○

Real Talk | **바로 쓸 수 있는 핵심 표현 익히기**

Let's move on! 이제 넘어가자!

Heard it already! 이미 들었어!

New topic! 새 이야기 하자!

Next subject! 다음 주제로 가자!

That's enough! 그 얘긴 충분해!

Real-Life Dialogue | **상황별 실전 대화하기**

TIP! 친구가 같은 이야기를 계속 반복하는 상황입니다.
적절한 결론 표현으로 대화를 이어가보세요.

A **Remember what happened?** 그때 일 기억나?

B **Let's move on!** 이제 넘어가자!

A **But it was…** 하지만 그때는…

B **New topic! Coffee?** 새 이야기 하자! 커피 어때?

더 이상 논쟁하고 싶지 않을 때

When you don't want to argue anymore

반복 학습 체크 포인트 ✔○○○○○

바로 쓸 수 있는 핵심 표현 익히기

That's final!	이걸로 끝이야!
No more arguing!	그만하자!
Talk's over!	대화 끝!
We won't agree!	우린 의견이 달라!
That's my last word!	이게 내 최종 결정이야!

상황별 실전 대화하기

TIP! 논쟁이 길어지는 상황에서 마무리하고 싶을 때입니다.
적절한 결론 표현으로 대화를 이어가보세요.

A	**But my point is…**	하지만 내 요점은…
B	**That's final!**	이걸로 끝이야!
A	**You're not listening…**	넌 듣지 않고 있어…
B	**Let's take a break!**	잠시 쉬자!

Section 5

게임에서 졌을 때
Losing in a game

반복 학습 체크 포인트 ✅○○○○○

Real Talk　바로 쓸 수 있는 핵심 표현 익히기

Game over!	게임 끝!
You win this time!	네가 이겼어!
That's it!	이게 끝이야!
I lost!	졌어!
No more tries!	더 이상 시도는 없다!

Real-Life Dialogue　상황별 실전 대화하기

TIP! 게임에서 패배한 상황입니다.
적절한 결론 표현으로 대화를 이어가보세요.

A	Another round?	한 판 더?
B	Game over!	게임 끝!
A	One more try?	한 번만 더 해볼래?
B	Nope! Your turn's done!	안 돼! 네 차례 끝났어!

I am so happy that we finally finished the difficult exam.
우리가 마침내 어려운 시험을 끝내서 너무 기쁘다.

→ It's over! Let's celebrate!
끝났어! 축하하자!

I have completed all the tasks for our group project.
우리 그룹 프로젝트의 모든 과제를 완료했어.

→ All done! Just submitted it!
다 끝났어! 방금 제출했어!

I don't want to hear about that incident anymore.
그 사건에 대해 더 이상 듣고 싶지 않아.

→ Let's drop it! New topic!
그 얘기 그만하자! 새 주제로!

I think we should stop discussing this topic.
이 주제에 대한 논의를 중단해야 할 것 같아.

→ End of discussion! Moving on!
논의 끝이야! 다음으로 넘어가자!

I accept that I have lost this game to you.
나는 이 게임에서 너에게 졌다는 것을 인정해.

→ Game over! You win!
끝났어! 네가 이겼어!

Real Talk 3·5

1 드디어 자유야!

2 마지막 거 끝!

3 다 끝냈어!

4 임무 완수!

5 이제 넘어가자!

6 다음 주제로 가자!

7 이걸로 끝이야!

8 우린 의견이 달라!

9 게임 끝!

10 졌어!

Real-Life Dialogue 3·5

A How was the test?

B _____

A Was it difficult?

B Doesn't matter now! Free at last!

A Remember what happened?

B Let's move on!

A But it was…

B _____ Coffee?

KI신서 13571

3초 5단어 영어회화
세상에서 가장 쉬운 영어 대화법

1판 1쇄 인쇄 2025년 5월 8일
1판 1쇄 발행 2025년 5월 21일

지은이 백선엽
펴낸이 김영곤
펴낸곳 (주)북이십일 21세기북스

인생명강팀장 윤서진 **인생명강팀** 박강민 유현기 황보주향 심세미 이수진 이현지
디자인 studio forb
출판마케팅팀 남정한 나은경 한경화 권채영 최유성 전연우
영업팀 한충희 장철용 강경남 황성진 김도연
제작팀 이영민 권경민

출판등록 2000년 5월 6일 제406-2003-061호
주소 (10881) 경기도 파주시 회동길 201(문발동)
대표전화 031-955-2100 **팩스** 031-955-2151 **이메일** book21@book21.co.kr

ⓒ 백선엽, 2025

ISBN 979-11-7357-281-4 13740

(주)북이십일 경계를 허무는 콘텐츠 리더

21세기북스 채널에서 도서 정보와 다양한 영상자료, 이벤트를 만나세요!
페이스북 facebook.com/jiinpill21 **포스트** post.naver.com/21c_editors
인스타그램 instagram.com/jiinpill21 **홈페이지** www.book21.com
유튜브 youtube.com/book21pub

서울대 가지 않아도 들을 수 있는 **명강**의! 〈서가명강〉
서가명강에서는 〈서가명강〉과 〈인생명강〉을 함께 만날 수 있습니다.
유튜브, 네이버, 팟캐스트에서 **'서가명강'**을 검색해보세요.

tvN 〈유퀴즈〉 화제의 문해력 해결사!
기울어진 사유와 세상을 바로잡는 비판의 문해력

『기울어진 문해력』

조병영 지음 | 300쪽 | 19,800원

맥락을 잃어버린 이들에게 칼날 같은 시선을 찾아줄 책!
텍스트 읽기부터 비판적 문해력, 맥락을 넘나드는 소통의 기술까지
리터러시 분야 최고 권위자 조병영 교수의 문해력 수업

『기울어진 문해력』은 지금 우리에게 필요한 문해력이 무엇인지 재정의하는 책이다. 지금 껏 우리가 배워온 문해력은 성적과 사회적 지위 향상을 위한 자동적 읽기였다. 리터러시 분야 최고 권위자 조병영 교수는 성찰을 위한 비판적 문해력이 희소해진 이 시대, 우리의 사유는 점점 기울어지고 있다고 말한다. 이 책은 기능적 문해력의 도식에서 벗어나 삶이 라는 텍스트를 마주하고 감각하려 할 때, 문해력이 글자를 넘어 사회적 소통과 협력, 신 뢰와 회복에 기여할 수 있다는 작은 희망과 실마리를 제공한다.